MOURIR POUR
KOBANÉ

DU MÊME AUTEUR

Romans

UN CAPITAINE SANS IMPORTANCE, Robert Laffont, Points.
L'HOMME DE VERDIGI, Robert Laffont, Points.
LA DERNIÈRE MANCHE, Ramsay, La Table Ronde poche.
LE BAR DE LA DERNIÈRE CHANCE (à paraître).

Nouvelles

LE CHEMIN DE LA MER, Éditions de l'Aube.
PREMIÈRE PERSONNE DU SINGULIER, Points.

Poésie

BOURLINGUER, Paragraphes littéraires de Paris.
AVENTURE ET VOYAGES, Paragraphes littéraires de Paris.
AU LONG COURS, Éditions Saint-Germain-des-Prés.
ÉPHÉMÉRIDES (à paraître).

Essais

GUERRE EN AFGHANISTAN, La Table Ronde.
DE L'ESPRIT D'AVENTURE (avec G. Chaliand et J.-C. Guilbert), Arthaud, J'ai Lu.
AVANT LA DERNIÈRE LIGNE DROITE, Arthaud, Points.
LE REGARD DU SINGE (avec G. Chaliand et S. Mousset), Points.
ÉTHIQUE DU SAMOURAÏ MODERNE (à paraître).

Récits

L'EXODE VIETNAMIEN, Arthaud.
ILS ONT CHOISI LA LIBERTÉ, Arthaud.
PAONA (avec A. Boinet et D. Lagourgue), Éditions de l'Archipel.
QUATRE DU CONGO, Fernand Nathan, Archipoche.
TERRE FAROUCHE, Fernand Nathan, Archipoche.
LA FOLLE ÉQUIPÉE, Robert Laffont, J'ai Lu.
QUI A BU L'EAU DU NIL, Robert Laffont, J'ai Lu, Archipoche.
RAID PAPOU, Robert Laffont, Archipoche.
LA GRANDE AVENTURE DE « LA BOUDEUSE », volume 1, Plon.
LA GRANDE AVENTURE DE « LA BOUDEUSE », volume 2 (à paraître).

Albums

CHASSEUR D'HORIZON, Filipacchi.
« LA BOUDEUSE » EN AMAZONIE (avec N. Clérice), Glénat.

Patrice Franceschi

MOURIR POUR KOBANÉ

ÉQUATEURS

© Équateurs, Paris, 2015.

contact@editionsdesequateurs.fr
www.editionsdesequateurs.fr

À Valérie Labadie, Gérard Chaliand et Bernard Kouchner, compagnons engagés de mes séjours chez les Kurdes de Syrie quand il n'y avait encore personne pour les soutenir.

Aux chrétiens et aux musulmans du Moyen-Orient qui appellent à l'aide contre l'État islamique.

À Awar Tamia, mon autre conscience dans cette guerre de l'humanisme combattant.

« Les dieux, comme les hommes, sont mus par une loi de nature – pour les premiers, c'est une opinion, pour les seconds, une certitude – qui pousse les plus forts à dominer. Nous n'avons pas établi cette loi ni ne l'avons appliquée les premiers. Elle existait bien avant nous et continuera toujours d'exister après nous. C'est simplement notre tour de l'appliquer, sachant bien que vous, ou tout autre disposant de notre puissance, en ferait de même. »

Thucydide, *La Guerre du Péloponnèse*, dialogue entre les Méliens et les Athéniens, livre V, 105.

« Les hommes sont confiés par la nature les uns aux autres : par cela même qu'il est homme, un homme ne doit pas être étranger pour un autre homme. »

Cicéron, *Des biens et des maux*.

En 1939, le socialiste et pacifiste Marcel Déat publie dans *L'Œuvre* un article resté célèbre : « Mourir pour Dantzig ? » Cette ville dont les Polonais ont hérité lors du traité de Versailles est menacée d'annexion par Hitler car elle coupe le Reich allemand en deux. Soucieux d'éviter la guerre, Déat plaide pour l'abandon des Polonais.

Dantzig est laissée à son sort. Hitler attaque la Pologne, la Seconde Guerre mondiale éclate, Déat finit collaborateur des nazis.

Soixante-quinze ans après Dantzig, Kobané, dont la bataille n'est pas terminée en vérité, symbolise une autre résistance, celle des Kurdes contre ce nouveau totalitarisme : l'islamisme radical – sans doute la plus grande barbarie enfantée par le début du XXIe siècle. Pour les djihadistes de Daech, habités par la haine de tout ce qui ne leur ressemble pas, l'idée même de démocratie doit disparaître à jamais. Celle-ci est au cœur du mouvement révolutionnaire des Kurdes de Syrie qui combattent l'État islamique pour en faire vivre les valeurs essentielles : liberté individuelle et collective, égalité homme/femme, laïcité, respect des minorités, justice économique. Deux visions opposées de l'homme et du monde s'affrontent dans ce roide morceau du Moyen-Orient.

Mourir pour Kobané – sans point d'interrogation – est le récit de deux années de compagnonnage avec les Kurdes de Syrie. Un récit de terrain, engagé, à hauteur d'homme, volontairement trempé dans le seul « savoir de la chair ». Au-delà des concepts et théories, au-delà de ce qui ne peut être dit encore, il veut donner à voir et comprendre le quotidien saisissant d'un peuple luttant sans esprit de recul pour des valeurs identiques aux nôtres.

Kobané ? Kurdes contre islamistes ? Une guerre qui, comme à Dantzig autrefois, nous concerne tous.

I

Puisqu'il faut mourir un jour…

> « Quand les circonstances et la nécessité l'exigent, nous devons entrer dans la mêlée et préférer la mort à la servitude. »
> Cicéron, *Traité des devoirs*.

Tel Khanzir, front ouest de Djézireh, Syrie, octobre 2014.

Il fait encore chaud en ce début d'automne. Pas un souffle de vent ne traverse l'immense plaine kurde qui court d'un seul élan jusqu'à l'Euphrate. Quelques rares collines bosselent cette steppe désolée, à la fois rude et mélancolique avec ses couleurs de pain brûlé qui se fondent dans le ciel délavé de l'horizon. Sur chacune de ces collines, des postes militaires enfouis au plus profond de la terre meuble se devinent au milieu des halos de la brume de chaleur : « points d'appui » ennemis devant nous, « points d'appui » amis derrière. Nous sommes à l'extrême limite du territoire kurde libéré.

La patrouille progresse par bonds successifs dans le *no man's land* de villages détruits nous séparant de la ligne de front des islamistes – ces « égorgeurs de Dieu » comme les appellent mes camarades. Rien ne bouge dans ce décor oppressant, déserté de toute humanité : pas d'oiseaux dans le ciel ni sur les moignons d'arbres déchiquetés, pas le moindre mouvement nulle part, pas le plus petit cri d'animal comme dans le monde des vivants. C'est à peine si l'on entend le bruit de nos bottes foulant une succession ininterrompue de gravats.

Encore trois cents mètres et nous serons à bonne distance. Objectif : déterminer l'armement lourd dont disposent les djihadistes – blindés et artillerie, d'après ce qu'il m'a semblé aux jumelles. Du matériel américain presque neuf pris deux mois plus tôt sur l'armée irakienne en déroute : chars, canons, missiles... De quoi faire désormais la différence avec les Kurdes. Jamais cette fichue plaine ne leur a été aussi difficile à défendre.

Nous poursuivons notre avance au milieu des ruines. Tout n'est que dévastation dans ce *no man's land*. Dix-huit mois que l'on s'y bat frontalement, pied à pied, habitation par habitation, au gré des offensives et des contre-offensives. Un paysage lunaire, des visions venues d'une autre galaxie : façades éventrées par la mitraille, sol retourné par les obus, bâtiments de pierre effondrés comme des piles d'assiettes fracassées, maisons de terre soufflées par l'artillerie. La guerre telle qu'en elle-même : des siècles pour bâtir quelques pans d'humanité, quelques jours seulement pour les abattre.

Nous continuons, courbés en deux. Les *no man's land* sont les lieux de tous les possibles. Les islamistes aussi envoient des patrouilles dans ce secteur n'appartenant à personne. Un face-à-face au milieu des décombres est de l'ordre du vraisemblable. D'un côté comme de l'autre on maintient la pression, on monte des embuscades, on harcèle les positions isolées. Nul ne lâche rien, chaque camp est prêt à mourir pour sa vision du monde. Une guerre totale portée par des convictions à fronts renversés : « Fanatiques islamistes contre fanatiques démocratiques », m'a dit l'année dernière un vieil ami irakien sachant de quoi il parlait. Et il avait ajouté : « C'est pour ça qu'il n'y a que les Kurdes pour arrêter Daech. »

Une guerre totale, mais une guerre à l'ancienne : pas de gilets pare-balles ou de casques pour se protéger, pas de drones pour reconnaître le terrain, pas de service de santé digne de ce nom pour les blessés. On monte à l'assaut poitrine à découvert et le corps-à-corps est fréquent – jusqu'à s'éventrer à la baïonnette dans les tranchées. Tout cela sur la longue durée.

Nous faisons halte derrière les restes d'un bâtiment blanc, tout entier dissous par la guerre, énorme morceau de sucre sorti d'une tasse de café géante. Impression baroque... Sur ma droite, un obus de mortier de 120 mm qui n'a pas explosé pointe ses ailettes vers les filaments de nuages immobiles au-dessus de nos têtes. Le silence parfait. J'écarte les décombres devant moi, découvre des cahiers, des livres, quelques crayons, les restes d'un squelette de plastique pour cours d'anatomie. Ici se tenait autrefois une école… « Putain de guerre », aurait dit Tardi.

John s'accroupit à mes côtés, son fusil d'assaut entre les jambes. John est américain. Il a une trentaine d'années. Il se trouve sur ce front de Tel Khanzir depuis deux mois, je le connais depuis trois heures. Quand il s'est présenté en tenue camouflée au départ de la patrouille, je ne l'ai pas remarqué parmi les autres combattants. Il m'a salué dans un anglais impeccable et je l'ai félicité pour son absence d'accent. Il a rigolé et dit : « Pour sûr, je viens de l'Ohio… » Il était content de son effet. On est devenus amis tout de suite. Trois heures dans la guerre produisent parfois les mêmes effets que trois ans dans la paix.

John est un échafaudage d'os et de chair d'un mètre quatre-vingt-dix, placide et tranquille, à la peau encore trop rose sans doute – mais le soleil de la guerre se chargera de la tanner à la longue. Il s'est engagé chez les Kurdes parce que leur bravoure l'impressionnait et que leur combat lui semblait juste. Il en avait marre de lire tout ça dans les journaux, paisiblement installé dans son pavillon de banlieue, sans que personne ne fasse rien. Alors, un matin, il a pris son sac et il est parti. « Je voulais faire ma part d'un boulot que tout le monde devrait faire », m'a-t-il dit une heure plus tôt. Avant d'ajouter en maugréant : « Il faut défendre le Kurdistan comme si c'était chez nous, pas vrai ? »

J'avais répondu simplement : « Ça ne se discute pas, mon vieux. »

Mais sans doute John s'ennuyait-il aussi aux États-Unis. Il appartient à cette espèce d'hommes qui, de tout temps, s'en sont allés défendre des causes lointaines quand plus rien chez eux ne donnait forme à leur vie. Après tout, pourquoi pas ? C'est toujours mieux que de partir se battre par goût du sang, du pillage et de la rapine, de la force brute, de la griserie éprouvée dans la toute-puissance – comme ces islamistes belges rigolards et contents d'eux, que j'ai pu voir sur une vidéo, traînant derrière eux des grappes de cadavres mutilés. Dans leurs petites existences médiocres d'avant, ces Belges disaient trimballer des planches à voile sur les plages. C'était plus rigolo maintenant. L'impression d'être Dieu lui-même.

Pourtant, la plupart des Européens combattant avec les djihadistes sont, comme John, en quête d'une forme d'idéal, d'une transcendance, d'une justification à leur vie quotidienne vide de sens. Là est le paradoxe, là se trouve le défi mortel lancé aux vieilles démocraties ne proposant rien d'autre à leur jeunesse que la dévalorisation de leur propre société. La question est donc : comment tombe-t-on dans un idéal dévoyé jusqu'à la plus extrême perversion, puisque celui des islamistes ne prône pas seulement de revenir aux temps archaïques du califat abbasside – ce serait un moindre mal – mais d'infliger la souffrance la plus grande possible à celui qui refuse de suivre cette voie, d'aller bien plus loin que la simple victoire sur lui ? Déshumaniser « l'autre » autant que possible – comme dans tout totalitarisme –, franchir la frontière de ce qui fonde partout ailleurs l'humanité, s'installer mentalement de l'autre côté de cette frontière, dans la barbarie, s'y complaire et faire atteindre des sommets à cette ignominie. La théoriser méticuleusement. La justifier par la victimisation. En faire une norme sanctifiée par la bénédiction de Dieu. Proposer, en même temps qu'une contre-société, une contre-morale absolue, le mal devenant le bien et le bien devenant le mal.

Il faudra comprendre un jour en détail cet invraisemblable bouleversement mental qui terrifie les plus pieux des musulmans. Le vide existentiel des paumés de l'Occident ne suffit pas à expliquer leur engagement dans ce camp de l'inhumanité, ni les complexes identitaires mal maîtrisés, ni le sentiment d'humiliation mortifère que l'on a fait naître chez nombre d'entre eux. Ce sont des éclairages parcellaires. L'ensemble est encore une forme d'énigme – sauf aux yeux des extrémistes de tous bords et de ceux dont les cerveaux peinent à sortir de la paresse.

En attendant, l'impressionnante propagande de Daech, avec sa paradoxale modernité, s'engouffre dans les cervelles fragiles, les cerveaux exaltés, les mentalités nihilistes, exploitant l'irrationnel religieux mêlé aux plus bas instincts humains. Le mélange est détonnant. Il suscite l'engouement et le mimétisme. Le mal fascine, le bien rebute. La démocratie et ses contraintes galvanisent moins qu'une foi autorisant tout ce que cette démocratie interdit. Et l'énergie a changé de camp. Comment pourrait-il en être autrement alors que les démocrates désespèrent d'eux-mêmes et les djihadistes ne croient qu'en eux ? La testostérone coule désormais en Orient et les pages qui vont suivre seront tachées d'horreur et de sang de part en part. Ce n'est pas moi qu'il faudra blâmer.

Des volontaires islamistes, il y en a donc des milliers chez Daech, des volontaires comme John tout au plus une poignée chez les Kurdes : dix dans ce secteur de Tel Khanzir, tous américains, et deux jeunes femmes à Kobané, l'une israélienne et l'autre belge. Des filles à l'image des combattantes kurdes, paraît-il : farouches et déterminées.

« On n'est pas beaucoup à avoir rejoint les Kurdes, grogne John. Mais ils sont contents qu'on soit là. Ils se sentent moins seuls... »

L'idée m'a effleuré un temps de proposer à mes amis la création de brigades internationales pour la défense de la démocratie – à l'image des brigades venues combattre en Espagne au côté des républicains en 1936. J'ai vite abandonné le projet. S'il avait vu le jour, il aurait accrédité l'idée d'une guerre des civilisations. Car on peut parier que peu de musulmans européens auraient rejoint ces brigades – ce qui aurait tout de même été l'un des objectifs. L'islam laïcisé, modernisé, réformé, attire peu – excepté les Kurdes syriens et turcs. C'est une rareté intellectuelle comme le sont les curiosités entomologiques. Quand j'en trouve une, je me penche dessus avec affection, me demandant pourquoi la nature n'en a pas produit davantage.

Nous continuons à patienter derrière notre gros morceau de sucre fondu, à l'écoute du moindre bruit qui pourrait trahir la présence d'une patrouille ennemie. Il faut se défier de tout. Les islamistes ne sont plus aussi désordonnés et vociférants qu'il y a deux ans, lorsque ces arpents de désert leur ont été repris après des combats particulièrement affreux. Je n'y étais pas mais je me souviens qu'à l'époque une combattante m'avait raconté une plaisanterie courant dans son unité sur la manière de faire sortir les djihadistes de leurs trous, puisque la plupart du temps ils restaient cachés, se contentant de tirer au jugé par-dessus leurs têtes : « Il suffit de crier un verset du coran, m'avait-elle assuré en riant. Ils sont obligés de se redresser en hurlant "Allah-o-akbar" et on les descend facilement... »

J'avais trouvé réjouissant que des femmes puissent mettre la raclée à des barbus.

Maintenant, les islamistes ont fait des progrès dans l'art de la guerre. Ils se sont organisés et renforcés. Leur agressivité a augmenté. Ils ont également abandonné tee-shirt et blue-jean pour porter de véritables uniformes – à l'égal des Kurdes qui se reconnaissent instantanément à leurs tenues de combat camouflées, identiques à celles de n'importe quelle armée conventionnelle. Des deux côtés on s'efforce de renforcer les marques de souveraineté qui font les vrais États.

Finalement, tandis que nous attendons toujours, John me demande à voix basse : « Il paraît que tu étais avec la résistance afghane contre les Soviétiques autrefois. C'est vrai ?

– Tu es bien renseigné, l'Américain. Nos amis

parlent trop... Mais c'est sans importance. Personne ne se souvient plus de cette guerre. C'était il y a longtemps.

– Ce devait être dur là-bas. Les Russes savent se battre. Bravo. »

À quoi tient le respect, parfois.

Puis, chuchotant toujours, John reprend, vaguement intrigué : « Alors, comme ça, tu t'es battu pour des djihadistes. C'est drôle...

– Ce n'étaient pas des djihadistes, John. En tout cas, ils n'avaient rien à voir avec ceux d'aujourd'hui. On les avait envahis, ils se défendaient. Quand j'étais très jeune, je me suis aussi marié au Soudan, à Khartoum, et les gens de ce pays n'étaient pas non plus des musulmans comme ceux qu'on a devant nous. Ça aussi c'était il y a longtemps.

– C'est un peu le contraire des Allemands, résume John à sa manière. Depuis l'époque de Hitler, ils ont changé eux aussi. On est potes avec eux, maintenant. »

Conversation surréaliste derrière des murs de pierre troués de balles.

Puis John me demande encore, presque visage contre visage : « Pour l'Afghanistan, c'est après qu'on a tout raté, non ? Pendant notre guerre à nous.

– Pour le dire vite, on a fait exactement le contraire de ce qu'il aurait fallu faire. Et comme dans deux mois, nous quitterons le pays avec armes et bagages sans avoir rien résolu en treize ans, ça ne va pas s'arranger. Tout recommencera comme avant. Pire qu'avant, même, si tu veux mon avis. On retrouvera Daech là-bas, tu verras.

– On est vraiment des cons… »

John sait être simple. C'est souvent ce qui convient pour faire la guerre qui est une chose compliquée.

II

Fin de patrouille

> « Ce qui trouble les hommes, ce ne sont pas les choses mais les jugements qu'ils portent sur les choses. »
>
> Épictète, *Manuel*, V.

John se redresse maintenant, toujours sur ses gardes : « Je crois qu'on peut y aller, il n'y a personne devant. On fait gaffe quand même, ces enfants de putes mettent des pièges partout... »

Nous repartons, quittant l'abri en dentelle de l'école. John progresse sur ma droite, le cou rentré dans les épaules – image d'un taureau s'apprêtant à recevoir des banderilles. Nous escaladons un parapet, sautons dans une cour, nous accroupissons aussitôt. Des masures se dressent en enfilade sur notre droite, pas vraiment rassurantes : coup de pied des hommes de la patrouille dans chaque porte, armes pointées. Les pièces sont vides, figées dans l'instant qui a vu l'exode précipité des familles habitant ici : des assiettes et des verres se trouvent sur les tables, les lits sont défaits, des ustensiles de cuisine traînent sur le sol. Misère des civils qui trinquent toujours davantage que les combattants. Un conseil pour la prochaine guerre chez nous : se faire soldat. Il y a moins de risque d'être tué.

Bientôt, nous atteignons un muret de briques séparant deux jardins. Ce muret est une écumoire. Il devait servir de poste de tir car les balles ennemies se sont acharnées sur lui. On voit à travers comme derrière un grillage. C'est le dernier point de protection avant le glacis menant aux lignes djihadistes. Un tapis de douilles de Kalachnikov jonche le sol à mes pieds, luisant de reflets mordorés comme un parterre de feuilles mortes. Je me penche : les cartouches non percutées sont nombreuses. Mauvais matériel. Les Kurdes se battent avec ce qu'ils ont, c'est-à-dire pas grand-chose.

Je cale mes jumelles dans un interstice du muret. Le drapeau noir des islamistes flotte à une centaine de mètres sur ma gauche, presque irréel, suscitant en moi excitation et malaise. Autrefois, la vision des pavillons à tête de mort hissés à la brigantine des vaisseaux pirates devait provoquer des sentiments similaires aux miens chez les marins du Roy qui les découvraient dans leurs longues-vues. Excitation et malaise...

Des silhouettes se déplacent autour du drapeau. Je tente de distinguer les visages mais ils sont flous à cause de la distance. Regret. On ne connaît vraiment l'ennemi qu'à travers son visage. Et ceux des prisonniers que j'ai croisés sont toujours trop cadenassés par la peur pour y découvrir autre chose.

Des fortifications de terre ont été érigées de part et d'autre du drapeau, bien régulières, sur près de deux mètres de hauteur. Je cherche à localiser les blindés. Dans mon champ de vision, je finis par distinguer une demi-douzaine de chars et de canons protégés par des remblais. Ceux-ci se prolongent sans interruption jusqu'à la route de bitume reliant la ville de Sérikani à celle de Kobané, parallèlement à la frontière turque toute proche. Kobané. En cet automne 2014, ce nom sonne comme la bataille la plus décisive du moment, le premier grand fait d'armes kurde dont le monde parle enfin, reconnaissant l'héroïsme des défenseurs de la cité encerclée par les islamistes.

Pour libérer Kobané, distante d'une centaine de kilomètres, les Kurdes tenteraient bien une offensive plein ouest depuis Tel Khanzir où nous sommes. Mais il y a ces lignes de défense djihadistes infranchissables sans armement sérieux.

« Tu as vu tout ce que tu voulais ? me demande John.

– C'est parfait.

– Alors, on se tire avant de se faire repérer. Ce coin est vraiment trop malsain. Ils ont un putain d'équipement en face... »

Il hoche la tête, agacé. Tant que les Kurdes seront démunis d'armement lourd, secourir Kobané depuis Tel Khanzir appartiendra au domaine des rêves.

Cependant, personne ne désespère ici. Quand on se bat pour une cause, le sens de la vie n'est-il pas de réaliser les rêves éveillés – ceux qu'on dit impossibles ?

En face, ils doivent penser la même chose.

III

Dos au mur

« Penser qu'il ne peut rien arriver à l'homme qu'il ne soit capable de supporter. »
Cicéron, *Traité des devoirs*, III.

Nous avons regagné les lignes amies. La tension retombe malgré la précarité des retranchements qui nous abritent : fossés antichars creusés sans matériel de génie, postes d'observation que je trouve trop exposés, tranchées sommaires, casemates et postes de combat tout juste renforcés de sacs de sable et de plaques de fer. On manque de tout. Et les conditions de vie sont misérables. Pour se protéger de l'artillerie ennemie, on vit sous terre dans des trous à rats bétonnés, réunis entre eux par des boyaux sans aération, on dort entassés sur des matelas, éclairés par de simples torches, et on cuisine sur de mauvais réchauds qui empuantissent l'air raréfié. Dans ces régions on est accoutumé depuis l'enfance à la dureté de la vie, mais tout de même... Chacun doit serrer les dents, tenir aussi longtemps que nécessaire.

Lorsqu'on parle chez nous de guerre asymétrique pour désigner les conflits menés hors d'Europe par nos armées, il serait temps de moins considérer l'inégalité d'armement que la différence de capacité à encaisser la souffrance et la mort sur la longue durée. Là est le point focal. Ne parlons même pas des motivations. Et moins encore de cette dichotomie profonde d'*ethos* et de *psychê* entre sociétés où l'on ne craint pas de mourir et sociétés où l'on a peur de vivre. Chacune produit le type de guerrier qui lui correspond.

« Tu connais une armée occidentale qui tiendrait dans ces conditions ? me demande John. Je ne parle pas de la guerre mais de la vie quotidienne.

– Si c'est pour de bonnes raisons, dis-je, même un Occidental embourgeoisé supporterait ça – et encore au-delà. Il faut toujours croire au sursaut. »

John fait la moue : « Peut-être. Mais si l'armée US devait vivre comme les Kurdes, je ne lui donnerais pas quinze jours pour être complètement démoralisée. Il leur faut de la bière fraîche tous les soirs à ces gars-là. Je les connais.

– Et toi, John, tu tiendras combien de temps ?

– Je tiens déjà depuis deux mois, mon vieux... »

Nous restons un moment silencieux. Je pense aux conditions de vie des djihadistes. Elles sont sûrement semblables à celles d'ici. Et les guerres n'étant qu'une suite d'attentes souvent interminables ponctuées d'affrontements aussi brefs que violents, chaque camp n'a d'autre choix que de supporter aussi bien l'une que l'autre : l'attente et le combat. En la matière, les vidéos de propagande de Daech montrent les volontaires étrangers se prélassant dans de grands hôtels avec piscines et confort à volonté. De quoi susciter les vocations des crédules et l'appétit des prédateurs. Propagande indigente mais efficace, désinformation puérile mais opératoire.

Hussain Kotchar surgit d'une casemate, les mains croisées dans le dos. Il me lance de loin :

« Tu as vu l'armement des islamistes, c'est assez clair, non ? »

Hussain est le commandant en chef de Tel Khanzir : moustache bien taillée, front dégarni, taille moyenne mais robuste, la petite cinquantaine. C'est un homme affable et discret, tout le contraire d'un va-t-en-guerre. Il a passé la moitié de sa vie comme médecin dans les maquis des monts Kandil, combattant l'armée turque au sein du PKK – Parti des travailleurs du Kurdistan – l'organisation révolutionnaire jumelle de celle des Kurdes de Syrie. De la guerre, il a retenu que la frontière entre la vie et la mort tenait surtout aux circonstances et que la vie était tragique. Trois ans plus tôt, il est rentré en Syrie pour participer à la révolte contre Bachar el-Assad, mais ce sens du tragique habite toujours son regard constamment triste. J'aime bien Hussain et sa délicatesse. Dans une autre vie il aurait été médecin de campagne. Dans celle-ci, il commande deux mille hommes et femmes dont la vie dépend de sa clairvoyance.

« Ce n'est pas brillant, dis-je. Les islamistes ont du lourd.

– C'est pour ça que je préfère ne pas les attaquer frontalement pour l'instant, répond Hussain. Mais eux non plus ne veulent pas lancer de grosses offensives contre nous malgré l'avantage de leurs blindés. Ils ont essayé, ça leur a coûté cher. Ils savent qu'on attend leurs chars au lance-roquettes dans les villages, et pas dans la plaine où ils nous écraseraient facilement. La situation est statique depuis des mois. Tu crois qu'on finira par nous livrer des canons et des missiles antichars ?

— Pas mal de monde y travaille, Hussain. Ce n'est pas facile. Les Turcs font tout pour l'empêcher. »

Hussain secoue la tête : « Ces damnés Turcs veulent que les djihadistes fassent le sale boulot à leur place et nous exterminent. Ils les aident parce qu'ils pensent comme eux. Nous, on pense comme vous mais vous nous abandonnez. Tu as une explication ?

— Nous sommes peut-être un peuple fatigué, Hussain. »

Il secoue encore la tête d'incompréhension et retourne à son couplet politique, aussi habituel que touchant : « Les Turcs sont vos alliés de l'OTAN mais ils vous trahissent en aidant nos ennemis communs. Je ne comprends pas que vous ne fassiez rien. Si vous nous donniez des armes, rien que des armes car nous avons tous les combattants nécessaires, nous chasserions Daech du nord de la Syrie et vous seriez aussi contents que nous. Nous ne demandons pas le sang d'un seul de vos soldats. Le nôtre suffit.

– Je sais, Hussain. Ça se fera peut-être un jour. »

Il préfère changer de conversation :

« Viens avec moi, je vais te montrer les positions turques. »

Nous pénétrons dans le poste d'observation de cette première ligne de défense, une tour de béton mal façonnée, et grimpons au sommet de l'édifice par une succession d'échelles de fer à peine visibles dans l'obscurité. Parvenus tout en haut, je découvre comme sur une carte l'étendue du *no man's land* où la patrouille évoluait une heure plus tôt. La route menant à Kobané est bien visible avec son trait d'asphalte noir courant tout droit au milieu de la plaine ocre comme un bâton de réglisse posé sur une table de bois. À un kilomètre environ, l'ennemi a coupé la route en élevant un haut mur de terre. À quelques centaines de mètres sur notre droite la frontière turque est matérialisée par un poste militaire. Un char couleur sable pointe son canon sur nous.

« Ce ne sont pas les islamistes que les Turcs menacent, dit Hussain. C'est nous. Et ils surveillent tout ce que nous faisons. Dès que je concentre des troupes ici, ils avertissent les autres par radio. »

Depuis trente ans, les Turcs ont un problème avec les quinze millions de Kurdes vivant chez eux. L'oppression qu'ils exercent depuis toujours sur cette minorité a fait émerger dans les années quatre-vingt le PKK, ce mouvement de libération marxiste-léniniste où s'était engagé Hussain. Une organisation redoutablement efficace. L'armée n'a jamais pu la vaincre pleinement tant elle porte les aspirations de son peuple par-delà toute idéologie. Les Turcs vivent donc comme une obsession l'autonomie conquise deux ans plus tôt par les Kurdes de Syrie sur le régime de Damas, craignant une contagion chez eux. Entre le danger des islamistes et celui des Kurdes, ils ont fait leur choix. Mais aussi par affinité idéologique. L'islam ultra-salafiste prôné par Daech déplaît moins qu'on ne le croit aux islamo-conservateurs d'Ankara.

Pour affaiblir les Kurdes de Syrie et empêcher ceux de Turquie de leur prêter main-forte, les Turcs ont totalement verrouillé la frontière les séparant du territoire syrien libéré par les Kurdes. Ils les ont enfermés dans une nasse. Cette frontière court d'est en ouest sur plusieurs centaines de kilomètres. La longer est un voyage d'anthologie glaçant. Le bouclage est parfait : rangées de rouleaux de fil de fer barbelé, grillage de cinq mètres de hauteur, miradors, projecteurs et postes militaires à intervalles réguliers. Infranchissable. La nuit, c'est encore plus insensé à contempler. Les projecteurs ne laissent pas un mètre carré dans l'ombre et l'interminable succession de leurs lumières blanches barrant l'horizon a quelque chose de profondément sinistre. Dans l'hypothèse où les islamistes gagneraient la bataille en cours, c'est le long de ce mur de fer que se dérouleraient les dizaines de Srebrenica et d'Oradour-sur-Glane que l'on peut prévoir. Pourquoi la presse ne parle-t-elle jamais de cette muraille turque semblable à celle d'un camp de concentration ?

« Si les islamistes percent nos lignes, conclut Hussain, nos femmes et nos enfants seront jetés par centaines de milliers dans ces barbelés et massacrés. C'est pour ça que nos combattants ne reculent jamais. »

IV

Spartiates contre barbares

> « La grandeur d'âme suffit à mettre l'homme au-dessus de tout. »
> Hécaton de Rhodes, *Des biens*, IIe livre.

Comme à l'accoutumée, la nuit est tombée très vite. Installé dans mon couchage près d'une lampe-tempête aux couleurs fauves, je me penche une fois de plus sur les textes des philosophes stoïciens que j'ai emportés.

Awar Tamia, couché près de moi, me demande, intrigué : « Pourquoi trimballes-tu toujours les mêmes livres ? »

Awar me suit partout et ne me quitte jamais. C'est mon interprète et l'interprète de moi-même quand il s'y met. Fin lettré et homme de combat. Il a beaucoup étudié chez nous. Je l'aime bien mais il me fatigue avec ses questions incessantes. Je réponds :

« Parce qu'ici je me sens chez moi en lisant les Stoïciens. Avec votre utopie en marche, vous me faites penser aux révolutionnaires socialistes de la fin du XIXᵉ siècle, mais aussi aux Stoïciens. Ils étaient comme vous : ils ne cédaient pas une once de liberté en échange d'un peu de sécurité ou de commodité et préféraient la mort à la servitude. En France, ils sont passés de mode et il a fallu que je les retrouve chez vous. C'est énervant... »

Awar rigole : « Je sais très bien qui étaient ces types. Ils voulaient que tout le monde fasse de grandes choses. Ils disaient même que lorsque la vie leur envoyait des épreuves, ils étaient heureux : ils pouvaient mesurer leur valeur. Ils ont écrit de bons livres, je les ai lus moi aussi il y a longtemps. Ils avaient le sens du tragique. Comme leur ancêtre Léonidas, ce roi spartiate qui s'est sacrifié aux Thermopyles avec trois cents de ses meilleurs guerriers pour empêcher les Perses d'envahir la Grèce.

— En Europe, Léonidas est devenu une marque de chocolat, Awar... »

Il sursaute : « Une marque de chocolat ? Vous êtes foutus, alors... On ferait mieux de dormir, c'est déprimant à la fin. »

Je ne sais s'il est sérieux où s'il se fiche de moi comme souvent. Je retourne à mes textes, persuadé que les Stoïciens finiront par revenir en nous comme modèle de renaissance. Ils n'ont pas dit leur dernier mot. En attendant, plus grand monde n'entend ces hommes qui plaçaient la grandeur d'âme au-dessus des biens matériels dont ils se fichaient éperdument. Chez nous on consomme. On ne peut pas faire les deux à la fois. Et deux mille ans, c'est long.

Awar prend l'un de mes livres et le feuillette pensivement : « Tu trouves qu'on leur ressemble, alors...

– Pourquoi pas ? À longueur de journée vous n'avez à la bouche que des mots épiques : révolution, héroïsme, courage, abnégation, patrie, liberté, fraternité d'armes et de cultures, j'en oublie... Parfois, c'est épuisant. Mais quand je vous écoute j'entends les Stoïciens. De toute façon, vous n'avez pas le choix. Il vous faut leur esprit pour vaincre Daech. »

Awar reste un moment silencieux. Puis il ajoute, tout doucement : « Cet esprit ne durera pas chez nous, tu verras. On est encore dans "l'état de grâce" de la révolution, de notre libération après des siècles d'oppression. Tout le monde est prêt au sacrifice et aux grandes choses. Quand nous aurons gagné, tout redeviendra normal.

– C'est possible, Awar. Toujours la même histoire, pas vrai ? Alors profitons de cette parenthèse avant qu'elle ne disparaisse. Tu me donnes une idée, d'ailleurs. Même si je ne suis pas là pour ça, je vais écrire un livre sur cette exception que nous vivons. Je la raconterai comme une « geste » puisque c'est une nouvelle page de votre roman national. Je ne vais pas me gêner, c'est aussi ma guerre. Alors, c'est par une citation stoïcienne que je commencerai chaque chapitre de ce livre.

– Amen ! s'esclaffe Awar, la vie est belle ! »

Tel Khanzir, un mois plus tard.

Le froid est arrivé et il mord la chair. Des braseros sont allumés devant les casemates, on y cuit du riz ou des haricots, l'ordinaire du soldat. Le brouillard est partout, liquide, opalescent comme du mauvais lait. La boue de l'hiver qui approche a remplacé la poussière de l'été. Les tranchées sont envahies par cette sombre fange qui retient chaque pas. Une ambiance de guerre de 14. Des combattants, hommes et femmes, surgissent de la brume, bardés de Kalachnikov et de bandes de cartouches, treillis maculés, visages marqués, et disparaissent comme des ombres dans des odeurs de sueur et de graisse d'arme : des loups maigres forgés par les épreuves et sachant où ils vont.

Je pénètre dans l'un des postes. Près de la porte on a installé un poêle à bois, dans le fond quelques coussins, sur le sol des tapis fatigués. Une table basse disparaît sous des sachets de bonbons et des paquets de cigarettes. On trompe la faim avec les premiers, l'attente avec les seconds. Les deux sont gratuits pour ceux qui se battent. Les bonbons sont syriens, les cigarettes françaises : Gauloises et Gitanes. Je n'y ai jamais vu une preuve quelconque de l'attachement des Kurdes pour la France – qui est réel, notamment parce qu'à l'époque du mandat français Paris faisait de son mieux pour protéger les Kurdes – mais je n'ai toujours pas découvert comment la Seita avait pu obtenir un tel monopole dans un tel endroit...

Cigarettes et bonbons, donc. Comme un air d'adolescence... Moyenne d'âge ici : vingt ans. Et les combattants sont pour un bon tiers des combattantes. De splendides guerrières comme seul le Kurdistan sait en produire dans ce Moyen-Orient en surchauffe chronique, domaine du mâle par excellence, pour qui la guerre est une sorte de sport de haut niveau. Que les Kurdes considèrent leurs épouses et leurs filles comme capables de mener bataille aussi bien qu'eux est l'un des points d'incandescence de la haine que les islamistes leur portent. Ces derniers ne craignent rien autant que d'être tué par une femme – flétrissure suprême à leurs yeux. Elle interdit toute entrée au paradis et prive d'un honneur délicat et éminemment moderne : se voir offrir soixante-douze vierges en récompense de la mort. On ne mesurera jamais assez le poids des frustrations sexuelles sur la violence collective. Et les djihadistes ne comprendront jamais qu'un peuple puisse être féministe sans être efféminé.

Hussain Kotchar est toujours là, impassible, avec son visage triste, une grosse pelisse camouflée passée sur les épaules.

« Du nouveau, Hussain ?

– Pas grand-chose. Des escarmouches presque chaque jour mais guère plus, le front est stable. Les islamistes concentrent toutes leurs forces sur Kobané. Bientôt trois mois qu'ils font le siège de la ville mais on tient toujours, à un contre dix. Sans cette résistance, personne ne parlerait de nous en ce moment. »

Pour le monde entier, Kobané est devenu désormais le symbole du David kurde démocratique bravant le Goliath islamiste fanatique. Mais le symbole n'aura qu'un temps. Hussain le sait. La presse ne se nourrit que de choses nouvelles, oublie vite, et par l'un de ces mystères insondables du destin, les Kurdes peinent toujours à se faire entendre. Il faut une victoire rapide ou tout s'enlisera. Je demande encore :

« Et tes volontaires américains, où sont-ils, je n'en vois plus un seul ? »

Hussain sourit : « Je les ai mis en deuxième ligne. Je ne veux pas qu'il leur arrive quelque chose. Ils ne sont pas très contents, évidemment.

– J'imagine… Pauvre John.

– Sinon, reprend Hussain, mes hommes ont tué un chef important de Daech il n'y a pas longtemps. Une crapule qui égorgeait comme on respire. Je suis allé voir son cadavre, il n'était pas beau. »

Awar hausse les épaules : « Qui donc peut être beau en transportant autant de haine ?

– Personne », dis-je bêtement.

On devient vite binaire face au mal radical. Mais peut-on le terrasser autrement ?

V

Une histoire cabossée

> « Il est trop tard, une fois les dangers sur nous, pour préparer notre âme à les supporter. »
> Sénèque, *De la tranquillité de l'âme*.

Les Kurdes sont un peuple qui manque de chance. En commençant par là, on peut comprendre leur histoire en quelques lignes. Une histoire qui, en distribuant ses cartes, s'est montrée plus vicieuse qu'un joueur de bonneteau. À l'époque moderne, elle a dispersé les Kurdes dans quatre États différents, les empêchant de se gouverner eux-mêmes et les mettant entre les mains de despotes étrangers. Pas des « despotes éclairés », bien sûr – qui d'ailleurs n'éclairent souvent qu'eux-mêmes – mais de bons vieux despotes à l'ancienne. Saddam Hussein en Irak ? Un Attila de l'arme chimique. Hafez el-Assad et son Bachar de fils en Syrie ? Des Gengis Khan en automitrailleuse. Reza Pahlavi puis Khomeiny en Iran ? Des satrapes orientaux à la petite semaine. Les dirigeants turcs ? Des tyranneaux de village au knout facile.

Les quarante millions de Kurdes du Moyen-Orient n'ont jamais connu que ces gens-là. Du pareil au même quel que soit le pays. Quand on ne les gazait pas comme à Halabja en 1988, on les déportait dans des zones insalubres, on rasait leurs villes et leurs villages, au mieux on leur interdisait de parler leur langue. De surcroît, les quatre États en question ont toujours manipulé « leurs » Kurdes sans scrupule, les utilisant comme arme de déstabilisation de leurs voisins avec qui ils étaient – et sont toujours – en conflit chronique si ce n'est en guerre déclarée. Dans le passé récent, il en est résulté des alliances croisées à la perfidie aussi méandreuse qu'efficace. Pendant la guerre Irak-Iran des années quatre-vingt, par exemple, les combattants indépendantistes kurdes d'Iran réfugiés en Irak étaient sommés par ce pays de combattre les troupes iraniennes, tandis que l'Iran faisait de même avec les combattants indépendantistes kurdes irakiens réfugiés sur son sol. Résultat de cet imbroglio d'une rare perversité : les Kurdes des deux pays se retrouvaient face à face au combat. Le tragique au royaume d'Ubu. On peut rêver mieux comme destin. Cela laisse des traces.

De toute façon, les siècles précédents n'avaient pas été plus réjouissants. Le lot habituel des Kurdes ? Le cycle – régulier comme les saisons – de l'oppression, de la révolte, de la répression. Pour ne pas disparaître, ces gens ont été sans cesse obligés de se chercher des alliés plus puissants qu'eux – qui toujours les abandonnaient quand la situation géopolitique changeait, et parfois se retournaient contre eux pour les écraser. Et on s'étonne que les Kurdes portent une détestation tranquille aux Perses, Ottomans et Arabes qui depuis des siècles appesantissent leurs mains byzantines sur eux.

À trois reprises les Kurdes ont tout de même cru voir la chance tourner en leur faveur. En 1920 tout d'abord. Cette année-là, le traité de Sèvres reconnaît enfin leur droit à un État indépendant en récompense de leur soutien aux alliés pendant la guerre contre l'empire Ottoman et l'Allemagne. Ce droit ne sera jamais appliqué. En 1923, le traité de Lausanne n'en parle déjà plus. Cette trahison hante toujours l'imaginaire collectif kurde.

Les deux autres fois où ils parviennent à se libérer se transforment vite en rêves fracassés. Ce sont deux histoires de républiques éphémères. La première naît dans l'est de la Turquie en 1927, momentanément appuyée par l'Angleterre. Cette république disparaît quatre ans plus tard sous les coups de l'armée d'Ankara, l'Angleterre ayant changé de politique. La seconde république, soutenue cette fois par l'URSS, est encore plus fugace. Moins d'une année entre le moment où elle est proclamée en 1946 à Mahabad dans le nord-ouest de l'Iran et celui où son président, Qazi Muhammad, est liquidé par les troupes de Téhéran.

Mais l'histoire de la « République de Mahabad » reste un moment fondateur du romantisme révolutionnaire kurde. Et l'exemple emblématique des occasions à ne plus manquer. Cette légende de Mahabad mérite quelques mots. Tout commence par un coup de chance. Au début de la Seconde

Guerre mondiale, l'Angleterre entre en Iran pour occuper les zones pétrolières du sud du pays tandis que les Soviétiques s'installent dans le nord. Les soldats iraniens se débandent, l'anarchie gagne partout. Dans ce chaos, les Kurdes se retrouvent soudainement libres – pour une fois sans l'avoir cherché. Ironie de l'histoire. Ils ne crient pas pour autant au miracle. Ils ont des dirigeants éclairés et un parti structuré, le Komala, qui deviendra plus tard le PDKI, Parti démocratique du Kurdistan d'Iran, dont le chef, Ghassemlou, sera assassiné à Vienne en 1989 par les séides du régime islamique de Téhéran.

En attendant, les Kurdes du Komala s'emparent en 1943 de la ville de Mahabad et des régions alentour. Ils s'organisent à la hâte – sans grande expérience mais avec talent. Comme aujourd'hui en Syrie. Les Soviétiques les encouragent et les aident. Des alliés de circonstance ainsi qu'on va le voir. Deux ans plus tard, en janvier 1946, les Kurdes se croient assez sûrs de leur destin et du soutien de Moscou pour proclamer l'indépendance de leur territoire et l'ériger en république. Mahabad est déclarée capitale, Qazi Muhammad est nommé président. C'est un personnage de roman, charismatique, solide, dévoué, au visage d'archange rédempteur. Son général en chef se nomme Moustafa Barzani : une carrure militaire certaine, de la prestance, et une gueule de guerrier des montagnes à l'image de ses combattants, les fameux Peshmerga – littéralement : « ceux qui vont au-devant de la mort ». Barzani, du fait de son histoire ultérieure, entre faits d'armes légendaires et longue marche à la Mao Tsé-toung, deviendra la figure la plus populaire de la rébellion kurde contemporaine. Et c'est à Mahabad, juste avant la disparition de la République, que sa femme donnera naissance à un fils, Massoud, l'actuel président du Kurdistan autonome irakien.

Le rêve d'indépendance s'évanouit trois mois après la naissance de cet héritier, le 27 novembre 1946 précisément. Ce jour-là, les troupes du nouveau chah d'Iran donnent l'assaut à Mahabad. Les Soviétiques viennent d'opérer un brutal renversement d'alliance. Intéressés par l'exploitation du pétrole iranien, ils ont fait leur choix : plutôt l'or noir du monarque de Téhéran que les montagnes arides du démocrate de Mahabad. Une trahison de plus.

La guerre est brève et féroce. Les Peshmerga ne peuvent tenir seuls bien longtemps. Moustafa Barzani se replie en Irak avec les rescapés, puis, cerné tout à la fois par les Turcs, les Iraniens et les Irakiens, il se réfugie avec le restant de ses hommes, moins de mille, dit-on, dans le seul pays qui l'accepte encore avec une magnanimité matoise : l'URSS qui vient de l'abandonner… Qazi Muhammad, fidèle à son image, a refusé de quitter la ville. Les Iraniens le capturent, le jugent, et le pendent sur la place centrale de Mahabad. Pour l'édification des foules, son corps reste deux jours accroché à sa potence.

Aujourd'hui, Mahabad est reléguée au rang de bourgade maudite. Le temps a passé mais il n'a rien apaisé. La main de fer de l'armée iranienne pèse toujours sur la ville d'une froide roideur. L'ancien symbole de l'indépendance kurde est une cité brimée, asservie et détestée pour ce qu'elle a osé autrefois.

La pensée qu'un destin semblable puisse accabler un jour le Kurdistan syrien libéré hante l'esprit d'Awar Tamia.

VI

Tout est affaire d'histoire personnelle

> « Celui qui ne fait rien, me semble-t-il, n'existe absolument pas. »
> Cicéron, *De la nature des dieux*.

Chacun a son histoire personnelle. Une part de la mienne est attachée aux Kurdes et aux Afghans depuis très longtemps. Modestement mais sûrement, par amitié et en toute liberté. À chacun sa route assumée.

Avec les Kurdes, cette histoire personnelle commence en 1991, à la fin de la première guerre du Golfe. En ce temps-là – mais qui s'en souvient encore ? –, Saddam Hussein, après avoir envahi le Koweït, est écrasé sous le flot de bombes des armées onusiennes emmenées par les États-Unis. C'est un succès militaire total avant un échec politique retentissant.

Un événement notable est passé à peu près inaperçu à l'époque malgré sa signification profonde : les vainqueurs n'ont pas osé proclamer les pertes infligées aux Irakiens tant elles étaient importantes et disproportionnées par rapport aux leurs. Première mutation des sensibilités en Occident. Jusqu'alors, toutes les civilisations avaient pour usage de s'enorgueillir du nombre de victimes causées à l'ennemi. Progrès humain assurément. Mais qui se limitera à l'Occident. Ailleurs dans le monde, ceux qui refusent un tel progrès vont utiliser à leur profit ce changement de paradigme.

En cette année 1991, Saddam Hussein, malgré sa déroute monumentale, conserve quelques troupes intactes dans le nord de l'Irak. Il tente de prendre sa revanche sur les Kurdes. Ces derniers se sont dressés contre lui, profitant des circonstances pour s'allier aux Occidentaux – qui les y ont poussés mais sans leur donner les moyens de vaincre. Les Peshmerga sont rapidement défaits. Des millions de civils, hommes, femmes et enfants, se jettent, terrorisés, dans les montagnes pour tenter de se réfugier de l'autre côté de la frontière turque. Ils n'ont pas oublié la brutalité sans limite de la soldatesque irakienne – trois ans plus tôt, elle a gazé sans états d'âme la ville kurde d'Halabja : cinq mille innocents tués en une seule journée. Essentiellement des femmes et des enfants. On n'avait pas vu cela depuis longtemps.

Américains et Français se lancent au secours des Kurdes et débarquent en Turquie. Je décide d'aller voir sur place ce qu'un « irrégulier » de mon espèce peut faire à son niveau.

Je trouve l'habituel tumulte des préparatifs de guerre. Mais à échelle pour ainsi dire démiurgique. Des camps militaires se construisent à une vitesse ahurissante de part et d'autre de la frontière irako-turque, des norias de camions acheminent depuis l'Europe matériel et renforts dans une débauche de blindés, d'hélicoptères et d'avions. L'ambiance de la bataille à venir imprègne jusqu'à la plus petite particule de l'atmosphère. C'est la guerre à l'américaine : de la puissance à l'état brut comme il n'en a jamais existé dans l'histoire des hommes. Une puissance qui gagne tous les conflits et perd toutes les paix.

Les parachutistes français du 3ᵉ RPIMa s'enfoncent les premiers en territoire ennemi pour stopper l'avance des troupes irakiennes et sauver les Kurdes. La compagnie de tête est commandée par mon frère Didier. Je le rejoins et passe ensuite chez les Peshmerga de Jalal Talabani, le chef de l'Union patriotique du Kurdistan, l'une des deux grandes organisations politico-militaires kurdes d'Irak. L'autre est le Parti démocratique du Kurdistan de Massoud Barzani. On peut schématiquement qualifier la première de progressiste, la seconde de conservatrice. Tout cela jouera vingt-cinq ans plus tard dans les alliances entre Kurdes quand éclatera la « révolution » syrienne.

Talabani a installé son état-major dans les ruines éparses d'un village. Autour de lui, c'est le chaos. Il est démuni de tout et vit traqué. Il ne sait pas encore qu'il sera dix ans plus tard président de la République d'Irak. Pour l'heure, il joue sa vie, comme depuis toujours. Il est à la croisée des chemins. Pas d'autre issue que la victoire ou le massacre de son peuple dans des torrents de sang. Tout dépendra des accords qu'il passera avec Barzani et de leur capacité commune à obtenir le soutien à long terme de l'Occident.

Entouré de ses lieutenants, Talabani reçoit les émissaires qui affluent de toutes les pistes de montagnes. Du grand théâtre : tous ces gens s'assoient sur des coussins disposés le long de murs décrépits, mettent leurs Kalachnikov en travers des genoux et boivent du thé en discourant à n'en plus finir. Talabani renvoie les uns, conseille les autres, chacun baise les mains des personnages éminents, se lève en hâte à l'arrivée d'un représentant occidental. On rajuste les turbans, on remonte les larges pantalons traditionnels, on se rassoit, se relève, se démène. L'agitation donne le tournis. Des messagers vont et viennent sans discontinuer. C'est l'Orient compliqué...

Talabani domine ce capharnaüm avec un calme tranquille, imposant, le ventre lourd et l'esprit fringuant. Sa femme, Hero Ahmed, est près de lui, attentionnée et délicate : vingt ans au moins que ces deux-là luttent contre le régime de Bagdad, affrontant tout ensemble.

Je vais bien aimer Talabani – et la smala virevoltant autour de lui. Elle me rappelle mes amis afghans mais en moins corsetés. Les traditions tribales sont fortes mais le poids de l'islam est faible. On sait faire la fête et on boit de l'alcool – Talabani est un inconditionnel du châteauneuf-du-pape. Enfin, les femmes sont nombreuses et portent des armes, ce qui n'arrive jamais en Afghanistan.

À quelques kilomètres de là, sur la frontière

turque, la situation des civils réfugiés dans les montagnes est effroyable. Ces montagnes sont battues par le froid, la faim, la maladie, la terreur. Leurs flancs disparaissent sous la masse des fuyards. On campe comme on peut, dans le creux des rochers, à même les pentes, sous des bâches hâtivement dressées. On creuse des abris pour survivre, on se prépare au pire. Les routes et les pistes menant à ces montagnes, les chemins, les sentiers, les moindres accès sont encombrés d'une cohue désordonnée que rien ne semble tarir. Le spectacle est dantesque. Tout ce qui a pu prendre la route est là : charrettes brinquebalantes, mauvaises carrioles, voitures en ruine, camions bariolés, chevaux, ânes et mulets, bus cabossés. Une misère errante surchargée de caisses de bois et de ballots mal ficelés, de bidons, de chaises, de tables, de matelas éventrés, de fûts d'essence rouillés, de valises, de malles et de cartons de toutes les tailles. Cette multitude a pris ses maigres biens et s'en est allée droit devant elle la peur au ventre. Les plus misérables vont à pied, portant sur leurs dos d'invraisemblables charges, des chiens maigres escortant leurs plaintes. Des images de l'exode de 1940 en France. Je n'oublierais jamais ces scènes qui vingt ans plus tard me conduiront chez les Kurdes de Syrie.

Tout cela ne sera plus jamais pour moi une abstraction.

Sur la frontière même, l'armée d'Ankara contient cette multitude à coups de bottes et de crosses, l'empêchant de se mettre en sécurité de l'autre côté – et c'est pitié de voir des alignements de femmes en larmes, leurs enfants dans les bras, implorer la mansuétude de soldats indifférents.

Pour une fois cependant, la communauté internationale se mobilise sans trop de délai. Elle parachute des vivres en urgence avant de les acheminer par hélicoptère et par camion. Les organisations humanitaires débarquent, les secours aux réfugiés s'organisent. La situation se stabilise lorsque les forces coalisées mettent définitivement en déroute les dernières troupes de Saddam Hussein. L'étau se desserre enfin sur les civils.

Je parcours le pays en compagnie d'Ahmed Bamarni, le représentant de Talabani en France avec qui j'irai clandestinement en 1996 chez Abdullah Öcalan, le chef du PKK. Et je prends en pleine figure d'autres scènes terribles, celles de la répression subie par les Kurdes depuis les années soixante-dix. Je ne les oublierais pas non plus. Qui le pourrait ? Pour la première et unique fois de mon existence, je contemple des villes de plus de cent mille habitants dont la hauteur ne dépasse pas quelques mètres... Elles ont été entièrement rasées, réduites à de monstrueux cimetières de béton. Ces villes s'appelaient autrefois Qaladiza ou Saïd Sadiq. Leurs rues rectilignes sont désormais bordées par des mille-feuilles de pierre sur des kilomètres et des kilomètres... Où que l'on tourne dans ces rues à angles droits, où que le regard se porte, le spectacle est identique : des empilements de ruines à l'infini. L'impression qu'une main géante s'est abattue d'un seul coup sur ces villes.

Toutes ont connu la même histoire. Un jour, l'armée de Saddam les a encerclées et la population a été déportée vague après vague dans des camps – souvent au milieu du désert. Ensuite, tout a été méthodiquement dynamité : immeubles, maisons, magasins, lieux de culte, bâtiments administratifs. Tout y est passé, jusqu'au moindre réduit, jusqu'au plus petit appentis. Cela prenait du temps mais c'était sans importance pour les soldats irakiens. Il fallait que rien, absolument rien, ne reste debout. Je me rappelle m'être dit alors que lorsque les éruptions volcaniques, les tremblements de terre ou les tsunamis s'en prennent à une ville, ils font preuve de plus de clémence que l'armée irakienne. Ils épargnent toujours quelque chose quelque part. Pas Saddam Hussein.

Tout cela s'était passé sous les yeux de l'Occident, à peine quelques années plus tôt. Nous n'avions pas pris la peine de regarder. L'indifférence face à la barbarie.

Un proverbe affirme que les seuls amis des Kurdes sont leurs montagnes. Devant ces spectacles de désolation, je m'étais dit qu'il fallait parfois croire aux proverbes.

VII

Comment tout continue

> « Est-ce donc pour le plaisir que tu es né ?
> N'est-ce pas pour agir ? »
> Marc-Aurèle, *Pensées pour moi-même*, V.

Paris, avril 2013.

Entre la fin de la première guerre du Golfe en 1991 – lorsque les Américains décident d'épargner Saddam Hussein – et leur invasion de l'Irak en 2003 – quand ils en finissent avec lui –, les Kurdes irakiens mettent à profit la protection des nations occidentales pour gagner en indépendance dans le nord du pays. Saddam éliminé, ils intègrent le gouvernement central qui leur octroie une place non négligeable et officialise en même temps leur autonomie sous l'œil vigilant de Washington. Des affrontements sanglants surviennent alors entre PDK et UPK pour le partage du pouvoir régional, mais tout finit par rentrer dans l'ordre. Ou à peu près…

En ce début d'année 2013, Talabani est président de la République. Ahmed Bamarni occupe à Bagdad un très haut poste au ministère des Affaires étrangères après avoir été ambassadeur en Suède. J'aime les parcours entêtés des gens de cette trempe. Ils commencent en guérilleros affûtés à la merci de l'infortune et, sans avoir dévié d'un fil, terminent leur itinéraire incertain sur les tapis rouges du pouvoir. Quand le destin bascule du bon côté, il peut jouer de sacrés tours à l'histoire...

Pendant des années, Ahmed et moi nous voyons de temps à autre lorsqu'il se trouve en France. En 1999, je publie le livre qu'il écrit sur son combat et celui de son peuple : *Le Printemps kurde*. Un texte remarquable qui n'intéresse pas grand monde. L'injustice littéraire est toujours à la mode. Ce sont néanmoins des temps heureux pour Ahmed. Les Kurdes d'Irak développent à marche forcée leur économie et assurent la sécurité de leur territoire dans un pays plongé partout ailleurs dans le chaos tout au long de la présence américaine – et encore après. Irbil leur capitale, tente, hélas, de singer l'opulence de Dubai – pour le meilleur et pour le pire, ainsi qu'on le verra. Quoi qu'il en soit, le Kurdistan d'Irak est alors la seule zone de stabilité et de prospérité dans cette partie du Moyen-Orient. Une zone amicale pour les Occidentaux en butte aux menées islamistes dont la montée en puissance est constante. Daech est en pleine incubation sous des appellations diverses et successives mais les chancelleries d'Occident tardent à s'en émouvoir. Le projet d'un califat revenant aux sources abbassides pour s'imposer dans l'aire arabo-musulmane avant de s'étendre au reste du monde paraît une chimère d'illuminés. Le réveil sera dur. Et avant tout pour ceux des musulmans qui continuent à placer leur foi dans ce qu'elle a de plus intérieur – *Din* – avant le système politique et juridique de l'islam dans ce qu'il a de plus idéologique – *Fiq.*

Un matin d'avril 2013, quelque deux ans après le début des révoltes contre Bachar el-Assad en Syrie, Ahmed me téléphone de Bagdad. Il me demande si je suis libre pour déjeuner les jours suivants. Il sera de passage à Paris et il a quelque chose à me dire. Nous prenons rendez-vous le surlendemain au restaurant du Lutetia.

Au cours du déjeuner, Ahmed me dit : « Tu te souviens de ce que nous les Kurdes avons réussi en Irak il y a vingt ans ? Et bien, nous sommes en train de le réussir aussi en Syrie. Personne n'en parle, mais le PYD administre déjà les zones libérées comme un État autonome. Nos camarades se battent essentiellement contre les islamistes mais aucun pays occidental ne les aide. Tout le monde s'en fiche. »

Le PYD – Parti de l'union démocratique – est la principale organisation politico-militaire kurde de Syrie, coprésidée par Saleh Muslim et Asya Abdullah – un homme et une femme dont j'aurai à reparler. La parité est la règle dans ce mouvement de la gauche révolutionnaire initié en Turquie par le PKK. L'histoire du PYD tient en quelques lignes significatives : dès sa fondation en 2004, il construit clandestinement et avec constance des hiérarchies parallèles dans l'ensemble de la société kurde de Syrie, formant des cadres à tous les niveaux. Il entraîne militairement des milliers d'hommes et de femmes dans les recoins inaccessibles des montagnes turques et s'aguerrit face aux soldats d'Ankara. Surtout, il s'attache à fournir à ses troupes, comme à ses militants, la colonne vertébrale idéologico-idéaliste permettant d'accepter tous les sacrifices pour vaincre un jour. Il sait que sans la certitude absolue des raisons pour lesquelles on se bat, on se bat mal. Il faut pouvoir consentir à la mort pour quelque chose de plus grand que soi. En l'occurrence, la révolution démocratique et socialiste prônée par le PYD face au modèle islamiste totalitaire partout en expansion.

Patiemment les Kurdes de Syrie transforment leurs faiblesses en force. Et le PYD attend son heure.

Le « moment opportun » pour lui, ce moment si particulier et fugace où il faut saisir instantanément la chance qui passe avant qu'il ne soit trop tard – cet antique et éternel *kaïros* des Grecs – survient lorsque le « printemps arabe » gagne la Syrie. Le régime vacille en 2012. Le PYD, prêt à prendre le pouvoir chez lui, attaque aussitôt et partout les soldats de Damas. Il les balaie d'autant plus vite que Bachar el-Assad est contraint de concentrer ses efforts dans le sud du pays, près de sa capitale menacée par les autres groupes rebelles – islamistes radicaux ou modérés de l'Armée syrienne libre.

Kaïros encore : quand il n'a pas le choix, notamment dans les zones trop arabisées du Kurdistan, le PYD passe des accords de non-belligérance temporaires avec le régime honni. On s'en débarrassera au prochain moment favorable. En même temps, il réussit le tour de force de rassembler autour de lui seize des autres partis kurdes existant alors, des traditionalistes aux sociaux-démocrates – mais aucun ne possède de troupes militaires conséquentes – pour créer le « Conseil suprême kurde », auquel il confie la tutelle de ses combattants tout en gardant leur contrôle dans l'un de ces subtils équilibres dont le Moyen-Orient peut avoir le secret. *Kaïros* toujours. Jamais les Kurdes, champions de la discorde quand ils s'y mettent, n'auraient « fusionné » aussi vite sans une volonté en marche, sans une main de fer pas trop enveloppée de velours.

Dernière étape de la victoire, le Conseil suprême kurde remplace toutes les structures administratives du pouvoir syrien par les siennes propres – dans chaque ville, chaque commune, chaque village.

« C'est comme ça qu'ils ont pu constituer un embryon d'État, poursuit Ahmed. Et éviter la guerre civile avec les Arabes vivant au Kurdistan.

– Ils n'ont pas eu trop de mal avec eux ?

– Pas tant que ça, tu sais. Plus personne ne voulait du régime de Bachar et le PYD a offert une représentation politique et administrative suffisante aux Arabes pour les rassurer. Même chose en ce qui concerne les chrétiens, mais avec eux c'était gagné d'avance. Il n'y a que des affinités entre nous.

– Les minoritaires brimés s'entendent toujours. »

Ahmed sourit. Les années ont passé depuis l'époque de la lutte contre Saddam Hussein, son corps s'est un peu enrobé, mais sa tête est toujours au combat. Il ne s'est pas refroidi avec l'âge. Il reprend :

« Il y a seulement les partis kurdes proches de Barzani qui refusent encore de se rallier au nouveau gouvernement. Eux, ils font vraiment des histoires. La révolution ce n'est pas leur truc.

– Ce doit être aussi un problème d'ego. Barzani se verrait bien diriger les Kurdes de tous les pays depuis l'Irak. Le PYD doit s'agacer de ses ingérences sur son territoire. Sans parler des divergences politiques.

– En tout cas, poursuit Ahmed, tu devrais aller là-bas. Va voir Khaled Issa, ici à Paris. C'est le représentant du PYD. Il organisera ton passage clandestin en Syrie. Je m'occuperai du nécessaire sur la partie irakienne. »

Voilà comment je me retrouve une nouvelle fois happé par la cause kurde. Mais ne faut-il pas poursuivre jusqu'au bout les histoires commencées avec ses amis ?

VIII

Naissance d'un État

> « On ne tombera qu'après avoir osé de grandes choses. »
>
> Sénèque, *De la vie heureuse.*

Frontière de Djézireh, Syrie, mai 2013.

Le Kurdistan syrien s'étend d'est en ouest tout au long de la frontière turque, à l'extrême nord de la Syrie. Les Kurdes appellent cette région Rojava. C'est leur terre ancestrale et mythique. La politique d'arabisation menée par Hafez el-Assad et son fils Bachar pour casser la continuité territoriale kurde a tronçonné ce Rojava charnel en trois territoires séparés désormais par des zones non kurdes. À l'ouest, la poche d'Ifrin, au centre celle de Kobané, à l'est la région de Djézireh qui constitue l'essentiel du bastion kurde par la taille – et se trouve adossé au Kurdistan irakien. Dans la terminologie locale, ces trois régions sont appelées des cantons. Surface totale : environ trente mille kilomètres carrés, soit près de quatre fois la Corse. Population : trois millions d'habitants. Capitale,

Kamichli, située dans Djézireh à un jet de pierre de la Turquie – comme Kobané – ce qui n'est pas une sinécure. Voici à grands traits les chiffres et la géographie.

Le seul passage sécurisé pour entrer dans Djézireh se situe sur le légendaire fleuve Tigre, à la jonction de l'extrême nord-est de la Syrie et de l'extrême-nord-ouest de l'Irak – à deux pas de la frontière turque là aussi. La géopolitique fait rarement des cadeaux.

Cette « zone des trois frontières », au cœur du berceau historique de l'antique Mésopotamie, est une zone fiévreuse. Les combattants kurdes la tiennent solidement – et ils s'y accrochent. S'ils perdaient les quelques kilomètres de fleuve qu'ils contrôlent, tout leur territoire serait asphyxié. Les Turcs verrouillent leur frontière nord, les islamistes celles de l'ouest et du sud.

Cette portion de frontière sur le Tigre est d'une insolente beauté. Ce qu'il y a de mieux dans ce pays avec l'ensemble des terres qui se prolongent jusqu'à la petite ville de Dayrick. Des vallées ondoyantes bordent le fleuve et de longues plaines aux teintes pastel se faufilent entre des montagnes crénelées qui, à l'horizon, se réfractent dans la lumière en fragments métalliques. Cette lumière est d'une transparence sans cesse changeante. Je n'en ai vu d'une telle limpidité qu'en Écosse et à Jérusalem.

Les Kurdes des deux pays ont jeté un pont flottant sur le Tigre. Spectacle baroque : de longs caissons d'acier enchaînés entre eux sont maintenus aux rives boueuses par une myriade de câbles tendus à rompre. Un sentiment de précarité. Le courant est tumultueux en ce printemps 2013 et le pont ondule dangereusement, tirant sur ses câbles en tous sens : image d'une araignée géante précipitée dans l'eau.

Je ne le sais pas encore, mais au cours des dix-huit mois suivant ce pont improbable deviendra pour moi le symbole de l'union et de la désunion des Kurdes d'Irak et de Syrie au gré des événements de cette période agitée. Quelques jours à peine après mon premier passage, je verrai leurs troupes respectives se disputer d'une rive à l'autre, Barzani exigeant une présence exagérée de ses partisans syriens au sein de la direction de Rojava, Saleh Muslim s'y refusant. Le pont sera fermé puis enlevé, avant d'être remis en place et rouvert à l'été 2014, lorsque les Kurdes de Syrie viendront au secours des Peshmerga de Barzani taillés en pièces par la première offensive de Daech.

Il faut retenir ici cette date charnière de l'été 2014 car elle voit d'une part la naissance officielle de l'État islamique sous son nom actuel, et, d'autre part, son offensive générale en Irak et en Syrie, qui se poursuivra par la bataille de Kobané à partir du mois de septembre. L'ensemble de ce récit s'articule autour de cette période cruciale.

Entre les Kurdes des deux pays, les choses s'arrangeront à partir de ce moment-là, mais jamais de manière définitive. Les tensions sont encore vives aujourd'hui entre Kurdes irakiens, conservateurs empêtrés dans leurs liens économiques avec les Turcs – notamment pour l'exportation de leur pétrole – et Kurdes syriens, révolutionnaires subissant au quotidien l'hostilité de ces mêmes Turcs. Orient compliqué... Surtout quand les États voisins attisent la dissension, hantés par l'idée de se voir amputer d'une part de leur territoire si les Kurdes parvenaient à s'entendre et finissaient par revendiquer leur indépendance.

Pour l'heure, des camions empruntent le pont dans un seul sens : pour ravitailler Rojava. Du côté syrien, on construit en hâte un poste frontière sur une hauteur. Partout on travaille et on se démène : pelles, pioches, engins de travaux, maçons et charpentiers. Vision d'énergie. Un État est à bâtir dans ses moindres détails et on n'en est qu'au début. Des algécos servent pour l'instant de bâtiments administratifs. Les amis qu'on attend n'y restent que quelques minutes. Pas de formalités. L'état de grâce toujours... Je vais souvent traverser cette frontière et m'amuser de l'évolution des comportements de souveraineté. Quelques mois plus tard, on photographiera les passeports et l'année suivante on délivrera des bouts de papier faisant office de permis d'entrer.

Cette première fois, Awar Tamia me lance en rigolant comme à son habitude :

« Quand on aura gagné la guerre, il faudra aller demander des visas dans nos ambassades et on tamponnera les passeports à l'entrée.

– C'est que vous serez devenu un vrai pays, Awar. »

Une vieille guimbarde nous emmène au cœur

du territoire libéré. Direction la ville de Dayrick. Personne pour nous escorter. La Syrie est à feu et à sang mais toute la région de Djézireh vit en sécurité. Pour une fois, le spectaculaire qui m'attend ne va pas être celui de la guerre mais celui d'une paix réussie.

« Ne te laisse pas trop impressionner par ce calme, me prévient Awar. Il est trompeur. On se bat partout sur nos frontières pour empêcher les islamistes de nous envahir. Des morts tous les jours. C'est le prix de la paix. Dans les poches d'Ifrin et de Kobané, c'est pire. On n'a pas encore gagné. »

La voiture poursuit son chemin par des routes en lacets avant d'aborder la longue plaine en forme de steppe qui constitue l'essentiel de Djézireh. Peu d'arbres mais des champs partout, couleur de miel ou de lavande. De longues files de paysans fauchent les blés en cadence, des bergers en tenue traditionnelle sortis tout droit du film *Lawrence d'Arabie* guident des troupeaux de moutons à travers les collines. On est dimanche et les familles pique-niquent au bord des lacs et des rivières.

Premières découvertes. Parcourir Rojava, c'est comme aller voir ce qui se passe sur une autre planète.

Si Dayrick n'était pas l'un des épicentres du nouveau pouvoir kurde, un voyageur sans indulgence y resterait juste le temps de décider d'en partir : la ville se résume à des rues poussiéreuses coupant une succession de cubes de béton disparates qu'on s'entête à appeler des maisons. Dans cette ville en partie chrétienne, il y a bien de-ci de-là un clocher pour attirer le regard ou un minaret qui rompt l'uniformité des lieux, mais ils peinent à enchanter le mauvais goût de cette architecture portée par l'idéologie du béton-mica-néon ayant prévalu jusque-là. De toute façon, les villes sont ainsi faites ici. Et comme la guerre a stoppé toutes les constructions en cours, l'offense visuelle à l'esthétique n'est pas près de disparaître. Partout des maisons ou des immeubles à peine commencés sont laissés à l'abandon, hérissés de fer à béton et de parpaings sans joie. On a d'autres problèmes à régler dans l'immédiat. L'urbanisme attendra – comme l'état de la voirie qui ferait tomber à la renverse le plus indulgent des écolos parisiens. Les abords des routes sont souvent encadrés par des successions de décharges publiques au-dessus desquelles virevoltent au gré du vent des milliers de sacs en plastique. L'année suivante, avec Bernard Kouchner – engagé lui aussi dans l'aide à Rojava comme on le verra plus loin –, nous rencontrerons le principal responsable du parti écologiste kurde, né dans le foisonnement démocratique quasi tropical du moment. Il nous dira d'un regard tourmenté : « Bon, on fait ce qu'on peut avec la guerre, n'est-ce pas ? Il ne faut pas nous en vouloir. On finira par y arriver... »

Les rues de Dayrick sont en liesse. Celle-ci fait oublier la disgrâce des lieux – à laquelle, avec le temps, on finit d'ailleurs par s'attacher. D'innombrables voitures passent à la vitesse de locomotives, surchargées de garçons et de filles qui par les portières font le V de la victoire en hurlant leur joie, klaxonnant sans interruption. Des foules vont et viennent, coulant comme des rivières torrentueuses, portant banderoles et fanions, chantant et riant, hérissées de forêts de bras qui forment des enfilades d'autres V victorieux. Une ferveur patriotique digne de la libération de Paris. Étonné, je demande à Mohammed, un instituteur au visage tout en angles émaciés qui s'est joint à nous : « Qu'est-ce qui se passe exactement ?

– Rien de spécial, s'écrie-t-il. On a simplement l'impression de fumer du haschisch toute la journée. Nous sommes libres ! »

Awar se tourne vers moi : « Nous le sommes déjà depuis plus d'un an mais les autorités entretiennent la flamme. Et l'unité. Sans cela nous serions vite fichus. On fait des commémorations en permanence. Pour tout et n'importe quoi, en fait. »

Des centaines de drapeaux kurdes claquent au vent sur les bâtiments publics, les parcs et les avenues. Les rues sont comme des navires pavoisés, les ronds-points semblables à des manèges de foire. Trois autres emblèmes flottent souvent autour de ces drapeaux. Ceux des combattants : triangle jaune frappé d'une étoile rouge pour les hommes des « unités de défense du peuple », les *Yapagués* – acronyme, YPG. Triangle vert frappé de la même étoile rouge pour les femmes des « unités de défense féminines », les *Yapajas* – acronyme

YPJ. Enfin le rectangle bleu des *Asahis*, les « forces de sécurité » intérieures rassemblant tout à la fois police, gendarmerie et services de renseignement.

Premières visions d'une organisation générale maîtrisée. On est loin de l'image désordonnée de bien des mouvements de libération dans le monde.

Des effigies d'Abdullah Öcalan, le leader du PKK, trônent partout, attestant du cousinage du PYD avec ce dernier. Öcalan parade sur le fronton des immeubles, devant les postes militaires, à l'entrée des bâtiments officiels : visage rond et moustachu, yeux noirs incandescents. Les Kurdes sont d'autant plus nombreux à vénérer ce symbole de leur émancipation qu'Öcalan est enfermé depuis quinze ans dans l'île prison d'Imrali en Turquie, tel un martyr des grandes causes incomprises. Le PKK est toujours inscrit sur la liste officielle des organisations terroristes. Il n'en a jamais été une, sauf à confondre la redoutable efficacité d'un mouvement politico-militaire avec le terrorisme aveugle de notre époque. Mais du temps de la guerre froide, le PKK était du mauvais côté de la barrière. Ce temps est révolu, et la pensée qui l'habitait obsolète.

Öcalan n'est pas le leader du PYD mais son inspirateur charismatique. L'idéologie qu'il a bâtie dans les années quatre-vingt, mélange étonnant à mes yeux de marxisme originel et de morale chrétienne, imprègne toute l'action du PYD et modèle son organisation : idéal démocratique transcendant, discipline de fer, autogestion constante, décentralisation, économie sociale, volonté de transformation de la société, laïcité intransigeante, respect obligatoire de toutes les minorités de la mosaïque ethnico-religieuse du Kurdistan. Le PYD garde un œil attentif sur tout ce qui se passe à Rojava et dans le gouvernement dont il est à l'origine. S'il veut que l'état de grâce perdure, il lui faudra maintenant se garder de la tentation hégémonique. Saleh Muslim, co-président du PYD, petit personnage par la taille mais homme fort de Rojava, dont la fermeté de caractère est celle d'un roc dans la tempête, m'a dit avant de partir pour cette première prise de contact avec son pays : « Il faut laisser les gens prendre les initiatives démocratiques qu'ils souhaitent. La révolution avancera de cette manière. Nous ne ferons pas entrer notre société dans la modernité autrement. Les gens finiront aussi par comprendre que la femme est l'égale de l'homme et que la laïcité est notre avenir.

– Et si ça ne marche pas ? »

Saleh Muslim avait eu un sourire tranquille : « Pourquoi est-ce que ça ne marcherait pas ? »

IX

Les amazones de feu

> « S'il tombe, il combat à genoux. »
> Sénèque, *De la providence*.

Montagnes de Dayrick, frontière turque, mai 2013.

Sur les hauteurs d'une colline perdue, je retrouve une trentaine de jeunes combattantes yapajas, gardiennes des marches les plus lointaines de leur patrie. Assises sur des coussins dans leur casernement de béton, elles attendent. Treillis camouflés, gilets de combats à poches, grosses chaussettes de laine souvent trouées, elles ont des airs de gavroches. Elles n'ont pourtant rien perdu de leur féminité avec leurs nattes soigneusement tressées et un je-ne-sais-quoi de gaieté dans chaque geste. Elles s'appellent Esrin, Rodja, Beriwan, Rona ou Zivan. Les plus jeunes ont dix-huit ans, leurs officiers la trentaine. Les unes viennent de s'engager, les autres ont déjà deux à dix ans de guerre derrière elles. Beaucoup sont jolies, toutes sont timides. Leur regard est d'une profondeur qui n'en finit pas. Sur leurs uniformes, un seul écusson : celui des Yapajas. Ni galons ni insignes. Comme dans tous les mouvements révolutionnaires, on n'affiche pas son autorité. Chacun sait qui est qui, cela suffit.

Un poste de télévision fonctionne dans un coin de la pièce, des Kalachnikov sont alignées le long d'un mur. Près de la porte, on a placé un lance-roquettes antichar et trois fusils-mitrailleurs, bandes engagées, prêts à servir. Du matériel russe, comme d'habitude. Assez ancien d'après ce que je peux en juger. Sur une table basse, des ordinateurs sont allumés, du thé se prépare dans la pièce voisine. Il fait chaud.

Les visages et les mains de ces Yapajas disent d'où elles viennent : ville ou campagne. Mais dans un cas comme dans l'autre, la vie les a préparées au combat, tant leur peuple a connu les souffrances de l'oppression. Il y a encore deux ans, trois cent mille Kurdes au moins étaient privés de nationalité par Damas pour des raisons diverses – et donc empêchés de vivre une existence normale. Les prisonniers politiques se comptaient par cohortes, l'enseignement en kurde était interdit, l'ostracisme généralisé.

La guerre actuelle, ces Yapajas l'ont donc choisie par conviction. Elles ne connaîtront jamais les plaisirs et l'innocence des filles de leur âge et ne le demandent pas. Les murs qui les entourent, couverts des portraits de leurs camarades tuées au combat, leur rappellent ce choix originel. Ici, les mortes et les vivantes demeurent ensemble.

Je regarde ces photos qui semblent me contempler. J'aurais aimé connaître l'histoire de chacune de ces femmes tuées au « champ d'honneur ». Mais on est pudique ici. On vénère ses héroïnes sans s'attarder sur leurs souffrances. L'inverse de chez nous, en somme.

Dans mon imaginaire personnel, ces jeunes femmes sont des « amazones de feu ». Car du feu intérieur il en faut pour assumer ce qu'elles endurent : entraînement implacable, cours politiques, maniement d'armes, combats fréquents, blessures parfois. Et pour beaucoup, la mort au bout de la route. Voilà leur vie. Elles mangent quand elles le peuvent, dorment quand c'est possible et n'importe où, voient leurs familles au gré des circonstances. Elles ont également fait la promesse d'attendre la victoire pour se marier. Mais quoi, disent-elles, pourquoi se plaindre, pourquoi s'étonner ? La guerre oblige à tous les sacrifices et la liberté vaut bien ce prix.

De la liberté, ces Yapajas ont une vision charnelle, fiévreuse, inséparable de la patrie, de la démocratie, de leur égalité avec les hommes. C'est leur foi. Elles acceptent de souffrir et de mourir pour cela. Dix-huit mois plus tard, lorsque débutera la bataille de Kobané, elles deviendront des héroïnes emblématiques pour les Occidentaux. La force morale de cette armée de Jeanne d'Arc ravivera chez nous la nostalgie des choses que l'on a beaucoup aimées et que l'on aimerait retrouver.

En ce printemps de l'année 2013, elles sont ignorées de tous.

Pour parvenir jusqu'à cette unité d'amazones, notre voiture brinquebalante a quitté la plaine de Dayrick et gagné les hauteurs de l'extrême est de Djézireh. Toutes les routes étaient barrées de loin en loin par les postes de contrôle des Asahis assurant la sécurité intérieure de Rojava. Des postes sommaires, souvent constitués de simples guitounes protégées par des sacs de sable et des murets de terre sur lesquels flottait l'emblème bleu des Asahis.

C'est en passant ce genre de checkpoints que l'on peut juger de l'état moral et mental d'un pays en guerre et de ceux qui le gouvernent. Les checkpoints sont le marqueur essentiel des comportements, le lieu de tous les possibles : au mieux des rackets et combines, au pire, des arrestations ou des prises d'otages. Toute la Syrie meurt de cela, compartimentée en une mosaïque de territoires sous la coupe de milices aussi diverses qu'opposées entre elles – et bien d'autres pays vivent le même éclatement funeste, de l'Afghanistan à l'Irak et du Yémen à la Libye. À Rojava, j'ai su tout de suite où j'étais. On ne corrompt pas les Asahis. Si vous venez d'Occident, ils vous arrêtent le moins longtemps possible pour ne pas vous offenser. Si vous êtes du pays, ils vous saluent poliment après s'être assurés que vous ne transportez pas de bombes – la seule chose qui les intéresse.

« C'est plutôt bon enfant, ai-je dit à Awar Tamia la première fois.

– Pourvu que ça dure, avait-il grogné.
– Oui, je sais. Si vous gagnez tout redeviendra "normal"… »

La crainte ici, ce sont les « cellules dormantes » des islamistes. Les checkpoints cherchent à gêner leur action. Les djihadistes ne parvenant pas à porter la guerre à l'intérieur du territoire kurde trop bien tenu sur ses frontières, ils tentent de le déstabiliser par des attentats aveugles. La bonne vieille méthode terroriste : obliger le pouvoir à se durcir, saper la confiance que le peuple peut avoir en lui, susciter la peur et la méfiance entre les communautés, les porter à l'affrontement. En ce mois de mai 2013, les djihadistes ne sont toujours pas parvenus au moindre résultat. Daech est encore en gestation et l'ennemi principal est al-Nosra, la branche locale d'al-Qaida biberonnée au lait idéologique de Ben Laden. Ces gens-là sont moins efficaces que ne le seront plus tard les sbires de l'État islamique. Quand ce dernier émergera à l'été 2014, les premiers attentats surviendront en quelques endroits stratégiques de Djézireh : le quartier général des Asahis de Dayrick et la maison d'un chef arabe adversaire des islamistes. Attentats au camion piégé chaque fois. Des trous énormes, des cratères noircis, des immeubles effondrés. Sans parler des morts et des blessés. Images classiques désormais, mais devant lesquelles je m'étais inquiété comme chacun ici, me demandant jusqu'à quel degré d'efficacité parviendraient les islamistes. Les mois suivants, ils allaient trouver beaucoup plus pervers : placer des bombes artisanales au bord des rues ou dans des poubelles. « On n'a pas de quoi les désamorcer et on ne sait même pas comment faire », m'avouera un soir de confidence Djwan Hibrahim, le commandant en chef des huit mille Asahis de Rojava. « Alors, on tire dans ces bombes à la Kalachnikov après avoir évacué les alentours. Elles explosent et on en est débarrassés. »

Non sans danger. Deux jours avant cette conversation, au cours d'une opération de ce genre, un Asahi avait reçu un éclat de bombe en pleine tête. Tué sur le coup. Son enterrement avait eu lieu le matin même.

« Les islamistes voudraient nous obliger à surveiller tout le monde, avait ajouté Djwan. Ils veulent nous amener à nous méfier des Arabes vivant avec nous, à les mettre en prison au moindre soupçon. On ne va pas tomber dans ce piège. »

À partir de l'été 2014, les postes de contrôle asahis vont se renforcer pour faire face à cette menace terroriste : guérites équipées de mitrailleuses, chicanes, fouilles plus minutieuses des véhicules. L'âge des Asahis occupant ces postes se modifiera également : davantage de très jeunes gens, beaucoup de vétérans, la tranche d'âge intermédiaire diminuant. Le siège de Kobané a commencé, Daech attaque partout, il faut combler les lourdes pertes du front. Les plus aguerris des Asahis ont rejoint les premières lignes.

Mais la manière d'être et de faire à ces checkpoints ne variera pas.

« Pourvu que ça dure », dira encore Awar.

X

Code civil contre charia

> « Ce sont les circonstances qui montrent les hommes. »
>
> Épictète, *Entretiens*, I.

Dans la casemate des Yapajas à la frontière turque, nous parlons maintenant de ce qui peut habiter intérieurement les islamistes, de ce que doivent être leur *ethos* et leur *psychê* à eux. Comment des hommes peuvent-ils consciemment, avec joie et fierté, commettre ce que les nations du monde entier caractérisent juridiquement comme des crimes de guerre, des crimes contre l'humanité et des tentatives de génocide ? Les Yapajas haussent les épaules. Elles n'en savent rien. Cela les dépasse, en vérité. Elles ont tout juste une explication politique : le projet global du califat mondial est si « total », si « divin », qu'il porte en son sein, et par une sorte de nécessité mécanique, un fanatisme si absolu qu'il abolit toutes les normes morales antérieures. Quand une logique religieuse, impérieuse et prométhéenne récuse tout le droit international actuel, ainsi que l'idée d'État-nation qui fonde les relations entre les peuples et même les frontières tracées par l'histoire récente, elle a toutes les chances de laisser la place à une espèce d'hommes entièrement déshumanisée.

En réponse à la volonté des djihadistes d'éliminer tous les éléments « impurs » de leur territoire et d'anéantir leurs ennemis extérieurs sans exception – ce qui fait beaucoup de monde et les mènera certainement à leur perte –, je n'entendrai jamais un mot de haine chez les combattantes kurdes. À Rojava, l'exécration de « l'autre » est prohibée des discours officiels et des comportements. C'est ainsi. On refuse d'être entraîné sur cette pente venimeuse qui serait une négation des principes défendus avec tant d'acharnement. On veut opposer la bravoure à la détestation, la laïcité à la théocratie fanatique, l'idéal démocratique au totalitarisme englobant. C'est un credo appris dès l'instruction par tous les combattants. Ce credo, sans cesse répété, interdit de se battre par esprit de revanche ou de vengeance. Uniquement pour faire triompher la révolution. Dans les combats rapprochés, ceux où l'on est à portée de voix, les Kurdes invectivent volontiers les djihadistes, tant ces derniers les insultent dans les termes les plus bas. Mais passée la violence de ces moments extrêmes, il leur est demandé de se maîtriser pleinement.

Ces filles partagent aussi avec moi une idée peu admise en Occident : s'il n'y a pas de guerre propre, il en est de plus sales que d'autres – et tout l'effort moral du combattant est de ne pas verser dans cette voie. Je leur apprends qu'un homme mort il y a bien longtemps, un certain Cicéron, avait écrit dans un livre appelé *Traité des devoirs* les lignes suivantes : « Le seul motif pour entreprendre une guerre, c'est le désir de vivre en paix sans injustice… Que la guerre soit donc entreprise dans des conditions telles qu'on ne puisse voir en elle autre chose que la recherche de la paix. » Et aussi, dans le même livre : « Rien n'est plus contraire que la cruauté à la nature humaine que nous devons suivre. » Les Yapajas approuvent, Awar se moque : « Ah, toi et les Stoïciens ! »

Une chose intrigue ces jeunes filles, très politisées comme il se doit au PYD. Rodja, une blonde qui semble directement sortie d'une université parisienne, me dit : « Vos intellectuels soutiennent que c'est de votre faute si les musulmans vivant chez vous ne vous aiment pas. Pourquoi racontent-ils cela ? Nous ne sommes pas déconnectées du monde, vous savez. On suit ce qui se passe chez vous. »

Je réponds prudemment : « Peut-être qu'on ne fait pas tout ce qu'il faut pour les musulmans français. »

Rodja hausse les épaules : « Vous pouvez faire ce que vous voulez, ça ne changera rien si ces musulmans sont salafistes. Ils ne peuvent pas vous aimer. Vous représentez, comme nous, tout ce qu'ils détestent. Vous êtes des infidèles à leurs yeux et c'est tout. Comme les chiites pour d'autres raisons, ou les yézidis, ou les Arméniens. On connaît ça par cœur. Ces musulmans-là font entrer dans la tête des gens que ce sont eux les victimes. Quand ils tuent les vôtres sur vos propres terres avec des attentats, ils racontent que c'est parce que vous les attaquez au Mali ou ailleurs. Ne vous défendez pas là-bas et ils vous attaqueront quand même. C'est ce qui se passe pour nous. »

Awar se penche vers moi : « Nous, on le vit chaque jour. Les islamistes veulent le califat ici et ensuite partout ailleurs. Tout ce qui s'y oppose doit disparaître. Ils ont un projet et un rêve. L'exact contraire du nôtre. La charia contre le Code civil, c'est ça l'enjeu. Le reste c'est de l'endoctrinement et de la propagande. »

Je dis : « Tu penses que tous les musulmans veulent le califat ?

— Bien sûr que non. Souviens-toi que dans cette pièce nous sommes tous des musulmans. Et que les Arabes combattant dans nos rangs sont aussi des musulmans. Mais le Coran n'a rien à dire sur la façon dont doit exister notre société. Voilà ce qu'on pense. Comment veux-tu faire un État de droit avec la charia ? Les musulmans chez vous doivent faire comme nous : changer, se réformer comme l'ont fait les chrétiens. Devenir vraiment laïcs pour entrer dans la modernité et laisser l'homme libre de tout. Ne garder la religion que pour leur vie privée. Ou s'en débarrasser.

— Chez nous, ça ne va pas être simple de le leur expliquer, Awar. »

Il rigole encore à sa manière habituelle : « Il vous faut un Bonaparte, mon vieux ! »

Nous buvons maintenant du thé en suivant sur le poste de télévision les combats de ces derniers jours. Rojava est un État qu'aucun autre au monde ne reconnaît, mais il est suffisamment organisé pour posséder plusieurs chaînes de télévision et des équipes de journalistes qui sont de toutes les batailles. Les filles commentent les images, joyeuses ou tristes selon les moments. Ces images sont celles de leur destin peut-être : la mort, ou pire. Elles connaissent par avance ce qui les attend si elles se rendent au combat : viol, torture, égorgement et décapitation, telle est l'issue. On dit qu'elles ne se rendent jamais.

L'une des Yapajas finit par éteindre la télévision avec un soupir et Beriwan me dit, toute menue dans sa tenue de combat : « On réserve toujours la dernière balle pour nous, au cas où. C'est mieux comme ça. » Une autre ajoute : « On garde aussi une grenade pour se faire exploser au milieu des djihadistes si nous n'avons plus de munitions. »

Mais même en tombant les armes à la main elles savent qu'elles n'échapperont pas à la profanation de leur cadavre si celui-ci demeure sur le champ de bataille. Dans tous les cas leur dépouille sera décapitée, souillée et démantelée.

Sur un ordinateur, elles me montrent quelques photos que j'ai déjà vues : des têtes sanglantes de leurs sœurs brandies par des islamistes hilares : « On pense beaucoup à elles, dit avec émotion l'une des filles. Leur sacrifice nous encourage à continuer. Nous savons pourquoi nous nous battons. »

Pourquoi vit-on ? Quel sens donner aux jours qui passent et ne reviennent jamais ? Ces jeunes filles ont répondu depuis longtemps à cette question existentielle qui mine les peuples plongés dans le consumérisme. Elles se disent heureuses.

« Patrice, regarde » dit encore Rodja.

Sur la page Facebook des Yapagués, elle affiche deux photos publiées côte à côte. Celle de gauche montre une unité féminine Yapaja au garde-à-vous, têtes nues. Celle de droite un alignement de femmes en noir, toutes habillées d'un voile intégral. Légende de la première photo : « Nous ». Légende de la deuxième : « Vous ».

Kamichli, capitale de Rojava, quelques jours plus tard.

Une semaine éprouvante m'a conduit par le plus grand des hasards dans une famille kurde aisée chez qui je m'apprête à passer la nuit. Appartement confortable, lit douillet, déco très kitch aux murs comme souvent – et repas de qualité. On honore l'étranger que je suis. Awar se goinfre d'houmous, de shiskebabs et de brochettes de poulet. Autant en profiter. Les filles de la famille ont entre dix-huit et vingt-cinq ans. Elles virevoltent autour de moi, je crois bien qu'elles piaillent, heureuses de sortir de leur ordinaire et du stress de la situation, de parler à quelqu'un de neuf, d'oublier pour un temps la guerre et son ambiance délétère, l'insécurité permanente. Elles sont adorables, jolies, bien habillées, maquillées, les ongles peints à la dernière mode dénichée sur Internet. Elles me montrent des photos de leurs dernières fêtes, de leurs copains bien sapés, des soirées entre amis qu'elles tentent de maintenir vaille que vaille. Elles aimeraient bien quitter le pays, s'en aller très loin.

L'une déclare : « Moi, mon rêve, c'est d'aller à Paris. »

Une autre demande : « Est-ce que tu pourrais nous envoyer des revues de maquillage de ton pays ? »

La dernière conclut : « Qu'est-ce qu'on s'ennuie ici ! Il n'y a plus rien à faire. »

Awar continue de manger sans rien dire.

XI
Être et durer

> « J'ai fait une heureuse navigation en faisant naufrage. »
>
> Zénon de Cittium.

Front de Tel Kodja, frontière irako-syrienne, juillet 2014.

Sur ma gauche, la mitrailleuse de 12,7 mm tire par courtes rafales sur les positions islamistes enterrées dans le désert à quelques centaines de mètres devant nous. Sur ma droite, Rostem, un tireur d'élite Yapagué, ajuste ses coups un par un, son fusil Dragunov calé contre le remblai de terre qui nous sert de protection. Un peu plus loin, une dizaine de Yapajas appuient ces tirs de leurs Kalachnikov, genoux en terre, cheveux noués en nattes derrière la tête. Fracas du combat. La température avoisine les cinquante degrés à l'ombre. Ce n'est plus un four, c'est une chaudière de locomotive. À plat ventre au sommet du remblai, jumelles en main, j'essaie de distinguer les impacts de balles au loin. Nous attendons la riposte.

Ce désert est une interminable plaine poussiéreuse à peine coupée par les silhouettes plus sombres de villages épars et sans vie. Des couleurs de havane recuit par le soleil. En cette date charnière de l'été 2014 qui vient de voir la débandade de l'armée irakienne, les Yapagués ont pris position sur ces arpents de frontière abandonnés par Bagdad, bien décidés à stopper l'avancée jusqu'ici irrésistible des djihadistes.

Les tirs cessent sur un ordre bref de Soran. Il part d'un grand rire moqueur : « C'est ramadan. En face, ils ne vont même pas avoir la force de répliquer. Ne nous fatiguons plus... »

Soran est le chef de l'unité protégeant la succession de redoutes jalonnant la première ligne de défense kurde. Un type rigolard et cynique, massif, les avant-bras couverts de tatouages, le front ceint d'un bandeau rouge. Il ajoute, hilare : « On ne va pas leur laisser croire qu'on dort, pas vrai ? Les égorgeurs viennent surtout la nuit mais on les attend. La première fois qu'ils nous ont attaqués, j'en ai tué cinq de ma main. »

Soran aime rappeler crûment ses exploits. À la guerre on ne voit pas que des poètes. Mais arrête-t-on les djihadistes avec les bénévoles de l'Armée du salut ?

Nous retournons une centaine de mètres en arrière afin de nous abriter à l'intérieur d'une bastille aussi perdue que le fort Bastiani du lieutenant Drogo dans *Le Désert des Tartares*. Sauf que l'ennemi est tout proche. L'ambiance est celle de tous les postes de combat kurdes, mélange de nonchalance et d'attitude martiale. Soran commande une unité mixte de Yapagués et Yapajas. Les filles ont des poignées de main d'hommes. Elles portent des casquettes achetées dans le civil pour se protéger du soleil, leurs camarades masculins des bandanas noirs ou rouges. Les fourriers de Rojava n'ont rien prévu pour les têtes de leurs combattants. Ni contre le soleil ni contre la guerre. Je montre à Soran un casque irakien que j'ai trouvé sur le champ de bataille. Trois balles l'ont frappé de plein fouet mais sans le traverser. Soran hausse les épaules avec l'air de penser que, malgré tout, ces trucs-là ne servent à rien. L'un de ses Yapagués, un petit gars enjoué et sautillant, a pourtant le crâne labouré par une cicatrice hideuse, résultat d'une balle reçue un an plus tôt, en même temps que deux autres dans la poitrine. Il n'a pas l'air plus traumatisé que cela. Rétabli un mois plus tôt, il est déjà revenu dans son unité. À l'entendre, il regrette la mollesse des gens d'en face. Ses compagnons le congratulent bruyamment. Vantard mais pas seulement.

Nous buvons à une grosse citerne plantée derrière un bâtiment. Au moins le ravitaillement en eau arrive-t-il de manière régulière. Avec le soleil impitoyable qui brûle jusqu'au moindre grain de sable, toute rupture d'approvisionnement serait aussi mortelle que le coup au but d'un obus ennemi. Les unités yapagués chargées de la logistique sillonnent le front dans de vieux camions pétaradants et fumants, zigzaguant entre les remblais de protection pour éviter les tirs adverses.

Les casernements sont sommaires comme toujours : matelas posés à même les dalles de béton, réchauds à gaz pour cuire le riz, écran de télévision afin d'occuper les temps morts. Des armes sont posées un peu partout, des caisses de munitions entassées contre les murs. Pas d'effets personnels.

Nous attendons. Les filles m'apprennent qu'elles sont dans ce secteur de Tel Kodja depuis six mois – sans un jour de permission. Impossible de prendre le moindre repos du fait de la pression des islamistes.

« Avant-hier, ils ont encore lancé un assaut avec leurs pick-up, me dit une brune aux grands yeux tristes. De trois côtés à la fois. On les a repoussés sans perte mais ils vont revenir très vite. C'est comme ça tout le temps. » Puis après un temps de silence, elle ajoute : « De toute façon, ils ne passeront pas. On tient nos lignes.

– Avant d'attaquer, précise l'un de ses camarades, les djihadistes utilisent toujours des armes lourdes pour préparer le terrain. Mais au corps-à-corps, on les bat. »

Je regarde ce gaillard solide et calme, appuyé sur sa Kalachnikov , les yeux durs, son treillis maculé de poussière. Il parle de la furie des corps-à-corps, ces moments de vérité entre tous dans la guerre, avec la tranquille assurance des vieilles troupes que plus rien n'émeut.

L'un de ses camarades aux airs encore adolescent ajoute : « On ne les laissera jamais prendre notre pays. Même s'ils jouent avec nos cadavres. Ils prétendent se battre au nom de l'islam, ils crient "Allah-o-akbar" en attaquant, mais ils n'ont rien compris à notre religion. Ils sont comme fous. Les accrochages sont très violents. »

Un Yapagué à la barbe bien fournie, chose rare chez les Kurdes, me montre fièrement le véhicule militaire dont il est le chauffeur : un break civil recouvert de boue séchée en guise de camouflage, faute de peinture. Je m'étonne des enceintes de musique attachées de part et d'autre de la mitrailleuse à l'aide de grosses cordes.

« C'est pour donner l'assaut avec nos chants patriotiques, s'esclaffe l'homme. On les met à fond et ça nous donne du courage. »

Il paraît que de l'autre côté, ils bourrent leurs djihadistes d'amphétamines afin d'obtenir le même résultat. Il y a sans doute des limites au culte du martyre. Pour conjurer la peur et l'instinct de conservation, les islamistes ont aussi recours à tous les colifichets de la religion. Les Yapagués m'en montrent quelques exemples en sortant de leurs poches leur dernier butin de guerre : des cagoules noires prises sur des cadavres et des bandeaux de même couleur sur lesquels est inscrit : *Il n'y a de Dieu que Dieu.*

« Quand ils attaquent, commente l'un des Yapagués, ils se mettent ces cagoules sur la tête et ces bandeaux autour du front. Mais ce n'est pas de la religion, ça, c'est n'importe quoi !

– Notre religion à nous, c'est la patrie », affirme doctement une Yapaja.

Un autre combattant raconte : « On a capturé un de ces djihadistes l'autre jour. Il avait un cordon autour du cou où pendait une cuillère. On lui a demandé pourquoi. Il nous a répondu : c'est pour déjeuner et dîner avec le prophète quand je serai mort. On s'est fichu de lui et on lui a dit : "Pour le petit déjeuner, tu fais comment ?..."

– C'est débile, ajoute Soran. Ces types portent aussi des clefs en pendentifs. Ils croient qu'elles leur serviront à ouvrir les portes du paradis s'ils sont tués au combat. Leurs chefs leur racontent n'importe quoi. En tout cas, ce sont des ennemis difficiles. Ils ne craignent pas de mourir.

– Ils sont trop cruels surtout, conclut l'un des lieutenants de Soran. Regarde ce que j'ai récupéré sur l'un d'eux. »

Il sort de son ceinturon un long poignard effilé.

« C'est avec ça qu'ils égorgent les prisonniers. Au dixième, ils sont nommés émirs. Tu trouves que c'est une manière de se comporter à la guerre ? »

Il remet le poignard dans sa ceinture : « Cet émir-là ne fera plus souffrir personne. »

Un peu plus tard, escorté d'Asahis, je retourne dans la ville de Tel Kodja elle-même, derrière une ligne de front plus calme. Tel Kodja est une cité à majorité arabe, libérée par les Kurdes après une année d'occupation islamiste. Les habitants sont encore sous le choc. Dans les rues, un homme m'aborde et me raconte – volubile et comme pour se délivrer – la façon dont les djihadistes ont imposé la terreur dès le premier jour de leur arrivée :

« Ils ont attrapé un type qui passait dans la

rue et l'ont accusé d'être chiite. Je le connaissais, c'était complètement faux. Mais ils lui ont attaché les mains dans le dos, mis un bandeau sur les yeux, et ils l'ont traîné sur la place que vous voyez là-bas. Ensuite, ils nous ont tous fait venir et ils l'ont décapité devant nous. Pendant un an, on n'a pas vu un seul enfant dans les rues. Même nos femmes ne pouvaient plus sortir sans risquer de déplaire à ces fous. Maintenant, elles ont des droits. Ces islamistes ne sont que des voleurs, des terroristes, ils font régner la terreur et c'est tout. »

La sauvagerie à l'état brut, tellurique… Pour s'en convaincre, nul besoin d'ailleurs de venir ici. On trouve tout sur Internet : exécutions publiques d'une balle dans la nuque, décapitations collectives devant des foules en délire, têtes plantées en enfilades macabres sur les grilles des jardins publics, cortèges de chrétiens crucifiés le long des rues, apprentissage aux enfants de l'égorgement très lent des victimes afin de provoquer la souffrance la plus aiguë possible. Et jusqu'aux images insoutenables de ce pilote jordanien brûlé vif dans une cage d'acier. On se demande si quelque chose manque à cette abjection. Et jusqu'où elle ira. Via Internet et sa distance virtuelle, la mise en scène de la violence, souvent esthétisée, dispose d'une puissance d'attraction jamais vue dans l'histoire des hommes. Sa capacité de propagation en devient exponentielle, à l'égal d'une maladie contagieuse – et son aptitude à l'émulation mimétique peut se révéler effroyable. Sans oublier ce vecteur des théories conspirationistes les plus hallucinantes qu'est Internet. De quoi donner le vertige à n'importe quel esprit libre doué de raison.

On s'étonne aussi beaucoup – et avec horreur – de l'esclavage sexuel dans lequel sont réduites la plupart des femmes prisonnières, notamment de la minorité yézidis, considérée par les islamistes comme adoratrice du diable. C'est s'étonner pour rien. C'est manquer à la plus élémentaire connaissance de ce que devient la conduite humaine lorsqu'elle est libérée des contraintes de l'esprit et précipitée dans un ordre nouveau justifiant l'exaction. C'est oublier que dans le retour à la barbarie des premiers âges de la guerre, les femmes sont la part belle du butin, l'ornement du soudard, la joie de la soldatesque. Dans cet autre « retour aux sources » voulu par les islamistes, il était fatal, il était logique, même, de retrouver la fusion d'Éros et de Thanatos. L'érotisme du combat. Les pulsions sexuelles que plus rien n'entrave après d'intenses frustrations. La « petite mort » côtoyant la grande. L'absence de remords dans le meurtre, l'absence de scrupules dans le viol. L'ivresse de la toute-puissance divine. Si chez les scélérats de Daech cette ivresse s'atteignait en buvant du vin, sa couleur se mêlerait à celle du sang dans la même jubilation qu'aux temps païens. Relire Jünger, Genevoix, et quelques autres pour comprendre. Daech est aussi un immense pas en arrière dans la tentative moderne d'imposer des lois à la guerre.

Autre chose encore : pour la première fois depuis les époques sauvages, un État qui se prétend tel se vante de ses méfaits à la face du monde.

Tout au long du XXᵉ siècle, les criminels de guerre étatiques et autres génocidaires exerçant le pouvoir accomplissaient leurs forfaits en toute connaissance de cause. Ils tentaient de les dissimuler, les niaient une fois découverts. Ainsi ont fait les Turcs avec les Arméniens, les nazis dans les camps de concentration, les Khmers rouges au Cambodge, les Hutus au Rwanda, les Serbes à Srebrenica.

Dans leur idéologie démoniaque, les islamistes transcendent leurs atrocités – convaincus que leur Dieu les réclame. Ils s'en vantent et les glorifient. Ils en font une marque de fabrique.

Et ils connaissent nos faiblesses. Lorsque les Occidentaux se défendent, ils se posent en protecteurs d'une foi prétendument attaquée par « les juifs et les croisés ». Inverser les rôles, tout est là. D'agresseur se prétendre agressé. Se faire victime. Existe-t-il posture plus émouvante dans nos sociétés démocratiques ouvertes ? La victime n'a-t-elle pas tous les droits ? Les djihadistes envoient alors à leurs partisans vivant chez nous des messages sans équivoque : « Si tu ne peux pas par l'explosif ou la balle, alors isole-toi avec l'Américain ou le Français mécréant, écrase leurs têtes avec une pierre ou égorge-les avec un couteau, écrase-le avec ta voiture ou pousse-le d'une montagne ou étrangle-le ou empoisonne-le. »

En réponse à cette violence paroxystique, voici quelques phrases d'un discours de la femme de Saleh Muslim lors d'un rassemblement populaire fêtant le deuxième anniversaire de la libération de

Rojava. C'était en juillet 2014. Le péril était aux portes du pays, c'était Valmy, la patrie en danger :

« Nous, le peuple kurde, nous nous défendrons jusqu'à la mort. Si ces terroristes veulent nous envahir, ils devront marcher sur nos cadavres. Chez nous, il y a des femmes de tous les âges qui prennent les armes et vont au front. C'est la preuve que notre peuple ne cédera jamais. Le monde entier nous regarde. Nous sommes le dernier rempart contre les islamistes. »

Pas un mot de haine dans ce discours. Juste la mobilisation du courage et de l'énergie, la mise en avant de la part féminine de ce courage.

Cette manifestation de l'été 2014, juste avant la bataille de Kobané, avait rassemblé des milliers de civils dans une vallée proche de Dayrick, sur les bords d'une rivière mélancolique coulant entre les parois encaissées d'une montagne. Elle s'était achevée tard dans la nuit au milieu des clameurs et des réjouissances malgré la gravité du moment.

Le sens du tragique, toujours.

Garçons et filles avaient dansé main dans la main, narguant l'aversion des islamistes pour les femmes.

XII

Les amazones de fer

> « Avoir conçu l'idée d'un État démocratique, gouverné selon le principe de l'égalité et de l'égale liberté de la parole, d'une royauté mettant au-dessus de tout la liberté des sujets. »
> Marc-Aurèle, *Pensées pour moi-même*, I.

Ville d'Amuda, bâtiment du gouvernement kurde de Syrie, juillet 2014.

Journée politique avec les membres du gouvernement. Autrement dit et comme d'habitude : suite ininterrompue de discussions passionnées. Sans formalisme et en toute simplicité. Épreuve éreintante parfois, émouvante toujours. Car il y a encore deux ans, l'idée même d'accéder au pouvoir était étrangère aux hommes et aux femmes de ce gouvernement. Beaucoup étaient dans la clandestinité, certains en exil, d'autres au fond des geôles de Damas.

Awar attend de voir ce que ces dirigeants feront de leur pouvoir sur la longue durée. Moi aussi. Mais pour l'instant, l'enthousiasme domine.

Ces gens croient à leur mission et que les lendemains chanteront s'ils luttent jusqu'au bout sans se détourner de leur idéal de départ.

L'immeuble abritant le gouvernement est fonctionnel, propre, les bureaux sont vastes et studieux à tous les étages. L'activité est fébrile, l'agitation absente. Tous les regards expriment la certitude intérieure des vrais militants – ceux qui ne peuvent se payer le luxe de trop douter quand il s'agit de vaincre un ennemi qui a programmé leur anéantissement.

Des Asahis en armes assurent la sécurité de ce bâtiment stratégique, contrôlant tous les accès.

À l'étage du pouvoir exécutif, voici quelques paroles inscrites dans ma mémoire ce jour-là :

D'Hakram Isso, tout d'abord. Grand, mince, la quarantaine, il est avocat et Premier ministre de ce gouvernement improbable mais bien réel qui comporte vingt-deux ministères – de la défense aux droits de l'homme : « Nous nous battons pour rester dans l'humanité, voilà la réalité. Les islamistes veulent nous en faire sortir. Nous n'avons pas beaucoup d'expérience pour gouverner mais nous progressons. Nous sommes prêts à écouter tous les conseils de nos amis. »

Hussain Azam, ensuite, l'un des deux vice-Premiers ministres, arabe replet et débonnaire d'une cinquantaine d'années : « Nous, les Arabes du Kurdistan, nous ne voulons pas de ces fous d'islamistes. Qu'ils nous laissent tranquilles. Ici, nous vivons en paix avec les chrétiens, les Kurdes et les autres minorités. On s'est débarrassés de Bachar el-Assad et voilà que nous sommes obligés de nous battre contre des djihadistes. C'est une calamité. »

Élisabeth Gauriyé, maintenant. Chrétienne syriaque à l'énergie invraisemblable, elle est l'autre vice-premier ministre : « J'ai lu dans vos journaux que vous parliez beaucoup du droit des animaux en France. C'est bien. Mais vous ne dites pas grand-chose sur nos droits à nous, les chrétiens d'Orient. Pourtant les islamistes essaient de nous exterminer partout. Pourquoi ce silence ? Ce serait une bonne chose aussi de ne pas pousser les nôtres à se réfugier chez vous en leur fournissant des visas. Nous voulons vivre et mourir sur les terres qui nous ont vus naître il y a deux mille ans, bien avant que l'islam n'existe. »

Au siège de l'Assemblée législative, dans une partie plus vaste du bâtiment, autres paroles saisies au vol :

D'Hakram Khalo pour commencer. Kurde massif au visage rond constamment en sueur, il est coprésident du parlement : « Notre assemblée est celle du canton de Djézireh. Avec nos homologues de Kobané et d'Afrin nous formons la confédération de Rojava. Ici, nous comptons cent un députés issus des partis ayant rejoint le gouvernement. Environ 15 % sont arabes, 20 % chrétiens, 1 % yézidis, 65 % kurdes – la représentation du peuplement de notre terre. 45 % des députés sont des femmes. Nous promulguons des lois toutes les semaines. Elles sont publiées dans notre journal officiel et nous veillons à leur application. La parité a été imposée dans l'administration et les femmes participent à toutes les décisions. À l'Assemblée, on se dispute souvent mais on vote. C'est la démocratie et l'auto-administration. Quand nous aurons vaincu nos ennemis nous ferons des élections populaires. En attendant, nos trois langues officielles sont le kurde, l'arabe et le syriaque. C'était important de commencer par ça. »

De Nazira Gauriyé ensuite, coprésidente du Parlement elle aussi, chrétienne discrète mais déterminée : « Nous sommes le premier pays au monde où le syriaque, dérivé de l'araméen que parlait le Christ, a été proclamé langue officielle. Nous n'avons jamais connu une telle liberté. Nous avons même notre propre police, les Sotoros, qui travaillent avec les Asahis. Nos premières unités combattantes viennent aussi de naître. Elles portent le nom de MFS – Conseil militaire syriaque – et sont sous le commandement des Yapagués qui les arment et les entraînent. Ainsi, nous avons affirmé notre identité sans entamer notre unité commune. Ces MFS sont moins de cinq cents actuellement mais nos jeunes ne demandent qu'à s'engager. »

Aldar Khalil pour terminer. Conseiller du gouvernement, il est un membre éminent du PYD, loup maigre et matois qui a déjà perdu un bras dans son parcours de militant combattant : « Les islamistes nous mettent une pression considérable et seule notre unité nous sauvera. Concilier cette unité avec la démocratie est un défi en temps de guerre, il ne faut pas se faire d'illusions. Mais nous sommes attentifs à ne pas perdre sur ce terrain. »

Le « manchot », comme je le surnomme, sera

le mois suivant l'un des acteurs clefs du sauvetage des yézidis dans les monts Sinjar lorsque Daech lancera son offensive générale à l'été 2014, ce moment où tout va basculer.

Et puis, à Kamichli même, voici au sein des instances politiques du PYD quelques « amazones de fer » – selon ma terminologie. En d'autres termes, les femmes de tête complétant les fusils des « amazones de feu ». Dirigeantes emblématiques du parti, ces amazones-là, deux fois plus âgées en moyenne que les Yapajas, sont engagées dans la lutte depuis toujours. Femmes de haut niveau intellectuel, elles ont été forgées par la clandestinité et parfois la prison. Rarement bien habillées, elles se fichent éperdument de leur apparence :

Asya Abdullah, tout d'abord, coprésidente du PYD avec Saleh Muslim. Petite, trapue, souriante, la quarantaine : « Nous nous battons pour ne pas revenir au Moyen Âge. Nous luttons pour entrer dans la modernité, pour que jamais plus on ne mélange politique et religion. Nous voulons cela pour tous les peuples de Syrie, pas seulement pour les Kurdes. À Rojava, nous prenons en compte la mosaïque ethnique et religieuse telle que l'histoire nous l'a donnée. Nous devons faire en sorte qu'aucune de ces composantes ne domine les autres. Si le nom de notre parti ne comporte pas le mot "Kurde" dans son intitulé, mais celui de "démocratie", c'est pour cette raison : être ouvert à tous ceux qui pensent comme nous, sans autre distinction. Le reste n'a pas beaucoup d'importance. »

Assya rejoindra Kobané dès l'offensive des islamistes. Elle restera dans la ville tout au long du siège pour épauler politiquement les civils demeurés sur place et l'état-major de la garnison qui, comme dans toute bonne démocratie, se trouve sous la tutelle du pouvoir civil. Son courage fera l'admiration de tous.

Sinam Mohamed, maintenant. Même âge qu'Asya, même regard à la fois épuisé et redoutable, marqué par les épreuves : « Notre plus belle victoire, c'est la paix dans Rojava : pas de guerre civile comme ailleurs en Syrie. Même s'il faut imposer un jour cette paix, nous le ferons. À aucun prix nous ne voulons voir notre patrie à feu et à sang. »

Illa Ahmed, enfin. Belle et charismatique, la quarantaine sereine, des yeux noirs et fiévreux : « On dit que nous sommes marxistes mais nous avons beaucoup évolué depuis l'époque du PKK. Considérez-nous plutôt comme des sociaux-démocrates maintenant. Pour cette raison, les pays occidentaux n'ont pas à redouter que nous demandions l'indépendance de Rojava. C'est peut-être notre rêve mais ce n'est pas notre politique. L'objectif que nous poursuivons est limité et destiné à satisfaire aussi bien nous-mêmes que la communauté internationale : autonomie de Rojava au sein d'une Syrie aux frontières respectées – mais une Syrie démocratique. C'est pourquoi le régime doit changer à Damas. »

En mai 2013, j'avais accompagné Illa dans la petite ville de Rimela où se situe l'académie de police des Asahis. Elle s'en allait remettre leurs diplômes à la centaine de jeunes de la dernière promotion qui venaient d'achever leur formation. Ce jour-là, j'avais découvert le poids politique d'Illa – et que dans ce pays, des femmes pouvaient commander à des hommes. Dans la voiture, elle m'avait dit : « Cette nouvelle police est très importante pour notre succès. Nous sommes obligés de la former très vite afin que l'insécurité ne s'installe pas à l'intérieur de nos frontières, mais nous faisons de notre mieux pour qu'elle soit irréprochable, tant d'un point de vue éthique que technique. Nous devons absolument gagner dans ce domaine. »

La cérémonie avait été impressionnante et à l'image d'un État naissant. L'académie s'était installée l'année précédente dans l'enceinte de l'immense caserne des anciennes forces de sécurité du régime – tout un symbole. Elle offrait les moyens nécessaires à la formation : salles de cours, logements, bureaux, cuisines, salles à manger, terrains d'entraînement. Sur la place d'armes, la promotion attendait au garde-à-vous en uniforme bleu, les femmes devant, les hommes derrières, impeccablement alignés. Discours enflammé d'Illa, réponses ardentes des différents responsables de l'académie, du gouverneur de Djézireh – l'équivalent du préfet chez nous – de diverses autorités locales. Après quoi, les Asahis avaient rendu les honneurs à leurs morts, jambes gauches en avant, fusils d'assaut tenus droits devant eux, et s'étaient frappés cinq fois la poitrine du poing comme il est d'usage chez eux pour montrer sa détermination. Ensuite, quatre par quatre, ils s'étaient présentés devant Illa qui les attendait derrière une table installée sur un côté de la place. La main droite sur le cœur, l'autre sur une Kalachnikov posée sur la table, ils avaient juré de défendre leur patrie jusqu'à la mort et de respecter la démocratie – avant de recevoir leurs diplômes de la main d'Illa.

Awar avait soupiré : « Pourvu que tout ça ne se termine pas comme la république de Mahabad... »

XIII

Quel nom pour cette guerre ?

> « Être semblable au promontoire contre lequel se brisent continuellement les flots. »
> Marc-Aurèle, *Pensées pour moi-même*, IV.

Kamichli, état-major des Yapagués, juillet 2014.

Redul Khalil étale sur son bureau les dizaines de passeports étrangers que l'un de ses lieutenants vient de lui apporter en silence. Des passeports tunisiens, marocains, qataris, saoudiens, soudanais, libyens, algériens, égyptiens, pakistanais... L'internationale djihadiste dans toute sa crudité. Et sur chacun de ces documents est apposé un visa turc.

Redul Khalil est le porte-parole des Yapagués. Physique de catcheur, allure martiale, tenue camouflée irréprochable, gestes parfaitement maîtrisés. Du solide. Je le surnomme « l'Ukrainien » tant son physique me rappelle les soldats de ce pays dont l'actualité est aussi pressante que celle des Kurdes en cet été 2014.

Redul soupire : « Nos hommes ont pris ces

documents sur des islamistes tués au combat. Ils sont des milliers à nos frontières. Pourquoi viennent-ils nous combattre ? On ne leur a rien fait. Mais c'est comme ça, ils veulent leur califat. »

J'examine longuement les photos de ces passeports. De jeunes hommes pour la plupart : têtes patibulaires ou visages enfantins, c'est selon. Le contraste a quelque chose d'effrayant. Mais ces visages multiformes sont ceux de ce djihadisme monochrome du XXIe siècle porté par une vision ultra-guerrière de la charia et le rêve olympien du retour à l'ancien califat abbasside de Bagdad détruit au XIIIe siècle par les Mongols. Que cela plaise ou non, ces hommes sont les membres d'une forme incontestable et en expansion de l'islam contemporain. Pas des fous ou des irresponsables. Des utopistes prêts à la violence la plus incommensurable pour faire aboutir leur idéologie, l'étendre partout, l'imposer de force – et retrouver la fierté des origines par l'anéantissement des sociétés démocratiques occidentales et du mal qu'elles incarnent à leurs yeux. L'existence de ces démocraties, la puissance de leur culture et de leur mode de vie influençant jusqu'à la moindre parcelle de la planète, est ressentie comme une humiliation historique à laver promptement dans le sang – ce sang impur du grand Satan. Le sentiment d'humiliation comme terreau sur lequel tout peut pousser : voilà le point de départ. Si ces combattants étrangers sont venus de si loin, prêts à mourir avec jubilation, c'est pour répondre à cet appel exaltant de revanche victimaire – et satisfaire à la vibrante *hijra* qui enjoint de ne plus vivre dans les pays impies mais de gagner les véritables terres musulmanes afin de les étendre à l'infini.

Une sonnerie de messagerie téléphonique retentit. C'est le portable de Redul resté sur la table. Il jette un regard sur l'écran : son visage se durcit. Il me tend le téléphone : « Voilà la guerre moderne. Les islamistes ont mon numéro, j'ai celui de certains de leurs chefs. Vois ce qu'ils viennent de m'envoyer. »

Je prends l'appareil. Une photo montre un groupe de civils apeurés aux visages tuméfiés, alignés devant un mur. Un texte en arabe précède la photo. Après l'avoir lu, Redul me dit calmement :

« Ce sont des villageois kurdes. Les terroristes viennent de les enlever. Ils veulent les échanger contre des prisonniers. La dernière phrase est une insulte. Pas la peine que je te la traduise… »

Je ne lui demande pas ce qu'il compte faire. Cette guerre est d'une cruauté pour laquelle il n'y a plus de nom. Je retourne aux visages immobiles sur les passeports étalés devant moi. Peut-être est-ce un effet de mon imagination, mais ces visages d'hommes morts aux regards toujours vivants me semblent exprimer mieux que tout autre chose le fond existentiel de ce conflit : deux utopies radicalement opposées s'affrontent sur les décombres de l'ancien pouvoir syrien. Deux utopies suffisamment avancées dans leur réalisation pour avoir bâti chacune un État disposant de ses attributs régaliens : drapeau, administration, armée, police, services de renseignement, justice, agences de presse, économie dirigée… Rojava grand comme trois fois le Liban, Daech comme la moitié de la France et battant maintenant sa propre monnaie. Deux laboratoires humains en vérité, que rien, absolument rien, ne peut concilier. Ce sont bien deux modèles de société qui s'affrontent dans une guerre totale – parce qu'il ne peut en être autrement : face au califat d'al-Baghdadi méprisant les femmes, l'État féministe de Rojava. Face au monopole religieux de Daech d'inspiration hanbalite et wahhabite, la vision multiconfessionnelle des Kurdes. Face à la soumission de tous les hommes à un Dieu omnipotent, la volonté d'autres hommes de prendre en charge leur destin.

Qui vaincra dans ce combat de géants ? L'État islamique est puissant. Cent mille combattants probablement, un armement lourd digne d'une armée conventionnelle, des ralliements réguliers d'autres groupes radicaux en guerre du Sahel à l'Afghanistan, une sympathie galopante dans les milieux salafistes de tous les pays – à commencer par ceux de l'Occident –, des conversions partout, un budget considérable longtemps alimenté par les pétromonarchies du Golfe et désormais par les raffineries artisanales de pétrole, le pillage institutionnalisé, le racket des populations, les trafics en tous genres. Les Kurdes ont moitié moins de soldats, un armement léger, une aide financière limitée – majoritairement fournie par le biais des Kurdes irakiens de Talabani – et depuis peu l'appui aérien de la coalition – qui durera ce qu'il durera.

Redul Khalid me tire de ces réflexions : « Une

voiture t'attend. Tu vas parler à des prisonniers. Tu te feras vite une idée de ces gens. Ils ont tous commis des attentats. De vrais terroristes. »

Une heure plus tard, je pénètre dans les sous-sols d'un bâtiment isolé, puis à l'intérieur d'une cellule éclairée par une soupente : porte de fer à barreaux, lits superposés, vieux matelas, sol de béton, murs nus, toilettes et lavabo dans un coin. Ce n'est pas une prison suédoise mais ce n'est pas non plus un cachot moyenâgeux ou un cul-de-basse-fosse avec paille et murs suintant d'humidité. Un coran est posé sur le lit supérieur, un homme est assis sur le lit inférieur. Ses mains sont menottées dans le dos, il porte un bandeau sur les yeux.

« C'est mieux qu'il ne vous voie pas, me dit Nafez Abdulazziz, responsable de cette prison située dans un lieu secret de Djézireh. On ne sait jamais… »

Le prisonnier est jeune, habillé d'un survêtement sans forme, les pieds nus, tête baissée. Il tremble tout doucement. On lui a dit qu'un étranger allait lui poser des questions mais que ce n'était pas un interrogatoire. Il était libre de ne pas répondre – mais il valait mieux répondre. Trois Asahis en armes se tiennent à quelques mètres de distance, silencieux et attentifs. Nafez me dit :

« Ce type a posé une bombe à un checkpoint près de Jazaa. On l'a attrapé peu après. Deux de nos hommes ont perdu leurs jambes dans cette affaire et cinq autres ont été blessés. »

Sans que j'aie à insister, l'homme me raconte

son histoire. Membre d'une brigade islamiste, il était affecté à la garde du quartier général d'un commandement régional. Son unité comportait de nombreux étrangers : Tchétchènes, Tunisiens, Pakistanais. Un matin, ses chefs lui ont annoncé qu'ils avaient un nouveau travail pour lui : poser des bombes à l'intérieur du territoire kurde, de préférence à des checkpoints. Ils lui ont fourni le matériel nécessaire et ordonné de gagner Rojava en civil.

« J'ai fait mon travail à l'entrée de Jazaa, dit l'homme, la tête toujours penchée sur sa poitrine. C'était il y a dix jours. À 13 heures, j'ai déclenché la bombe comme on me l'avait dit. Je me suis enfui mais les Asahis m'ont retrouvé. Maintenant, je n'ai plus d'avenir et j'ai gâché ma vie. Je regrette tout ça.

– Alors, pourquoi as-tu fait sauter cette bombe ?

– J'étais dans le besoin. Mes chefs m'ont donné 400 dollars pour cette mission. »

Nafez hausse les épaules d'un air consterné : « Beaucoup de ces djihadistes commettent leurs crimes pour de l'argent. Venez dans la cellule voisine, vous allez voir, on a encore un terroriste du même genre. On l'a capturé en pleine préparation d'attentat. Il appartenait à une cellule dormante de Daech. »

Nouvelle porte grinçante qui s'ouvre sur un décor identique au précédent : un prisonnier est assis sur son lit, menotté et les yeux bandés comme le précédent. Jeune. Quand il entend ma voix, son attitude se fait provocante.

« Lui, il a fait ça pour 300 dollars, m'annonce Nafez. Il y avait toutes les preuves sur son téléphone portable. Il a avoué, l'enquête est terminée. On attend qu'il passe en jugement. »

Des prisonniers de ce genre, j'en vois d'autres au cours des jours suivants, tous syriens et arabes, tous responsables d'attentats aveugles ou niant leur implication malgré les évidences. De sales types pour lesquels la vie humaine n'a pas plus de prix qu'un objet sans valeur, pour qui la souffrance des autres est sans importance. Ils ne font pas les fiers devant les Kurdes, se montrent sournois ou stupides selon les moments, trouvent toutes les excuses à leurs crimes et ne regrettent que leur propre sort. À les en croire, ils ne sont pas les plus coupables. Les islamistes étrangers font mieux. Surtout les Tunisiens, les Français et les Tchétchènes. Ils ont la réputation d'être les plus impitoyables, les plus féroces et les plus cruels d'entre tous.

Ils m'arrivent d'éprouver de la compassion pour ces prisonniers passés du côté de la barrière où l'on ne dispose plus de soi-même. Mais je me retiens à l'énoncé de leurs forfaits. D'autant que le pire leur sera épargné. À Rojava, on n'égorge pas. La peine de mort a été abolie et il n'y a pas de tribunaux d'exception. Les terroristes sont donc jugés comme des criminels de droit commun – par les tribunaux civils. Pour des attentats, les peines oscillent entre dix et trente ans de prison. Tout dépend du nombre de victimes et du niveau de responsabilité des accusés.

Awar trouve que ce n'est pas cher payé.

XIV

Kobané martyre

> « Toutes choses ont lieu selon le destin. »
> Posidonius, *Du destin*, IIe livre.

Septembre 2014, à bord de la goélette « Étoile ».

Le temps est clair et l'horizon dégagé au large des côtes bretonnes. Petite mer et bon vent depuis notre départ de Brest. Je suis rentré depuis peu d'un nouveau séjour à Rojava et me repose après avoir embarqué comme écrivain de marine parmi les jeunes volontaires de l'école des mousses. Au Kurdistan, la pression des islamistes se maintient mais tous les fronts résistent.

Le 16 septembre à 13 h 9 exactement, un SMS de Khaled Issa vient troubler la sérénité que j'ai retrouvée en mer : « Les terroristes attaquent la région de Kobané avec des chars, des véhicules blindés et des centaines de mitrailleuses lourdes. Ils ont concentré trois mille hommes autour de la ville. Les Turcs les aident dans la localité de Salipkaran, à huit kilomètres à l'ouest de Tell Abyad.

Kobané risque le même sort que les yézidis de Sanjar. »

Je rappelle Khaled, profondément inquiet. Nous sommes peu éloignés de la côte mais la communication passe difficilement. La voix de Khaled est méconnaissable :

« La situation est vraiment très grave. Nous allons peut-être devoir abandonner les trois cents villages de la région pour nous replier dans Kobané même et combattre à l'intérieur de la ville. Dans ce cas, il faudra évacuer toute notre population. Nous allons demander à la coalition de nous aider avec des frappes aériennes. J'espère qu'ils accepteront. Préviens Bernard, s'il te plaît. »

J'appelle Kouchner qui appelle aussitôt l'Élysée. Que vont-ils faire « là-haut » ? En ce mois de septembre 2014, la reconnaissance de l'efficacité militaire des Kurdes face à Daech n'a pas encore pénétré les esprits. Tout peut basculer dans le mauvais sens si la poche de Kobané tombe – et la cité elle-même. Celle-ci compte plus de cent mille habitants, la région au moins le double, et les Yapagués ne sont guère plus de trois mille – avec leurs seules armes légères.

Le soir même, je peine à dormir. La mer et son silence n'ont plus de goût. J'aimerais être là-bas et me voilà prisonnier.

Au cours des jours suivants, des dizaines de SMS de Khaled se succèdent sur mon téléphone – pour toujours inscrits dans mes carnets :

« Les attaques de Daech se poursuivent sur

trois axes différents. La résistance tient. Ils nous attaquent avec des chars et nous bombardent... »

« ... De lourdes pertes de notre côté mais également chez les terroristes. Beaucoup de civils sont morts... »

« Trente terroristes tués aujourd'hui dont un émir saoudien. Un char détruit, trois véhicules blindés mis hors de combat. Nous avons repris trois localités dont Tahlek. Sur le front ouest, les combattants de Djabha al-Akrade soutiennent efficacement nos Yapagués et nos Yapajas. Les Turcs aident massivement Daech et soignent leurs blessés... »

« ... Cette nuit, trois blindés turcs ont franchi la frontière pour soutenir Daech dans le village de Timayé-Alamik à trente-huit kilomètres à l'est de Kobané... »

« ... Daech ne cesse d'envoyer des renforts depuis Raka. Violents combats à Bagddek où les Turcs aident les terroristes contre nos Yapagués... »

« ... À 7 h 30 aujourd'hui, Daech a tiré trois missiles Grad sur le centre-ville de Kobané pour semer la terreur dans la population... »

« ... Cette nuit, nos combattants ont bien résisté sur les trois axes d'attaque de Daech. Trois chars, cinq blindés légers et sept véhicules détruits. Nous leur avons pris un char, vite remis en fonction, et l'utilisons contre eux... »

« ... Une centaine de terroristes tués aujourd'hui, dont soixante dans une seule opération. Nous en avons capturé vingt-trois dont six se disent émirs. Beaucoup de pertes aussi chez nous... »

« ... Un grand nombre de civils quittent nos villages, paniqués, pour se réfugier en Turquie. Mais la frontière n'est flexible que pour les terroristes. Notre jeunesse se mobilise massivement en renfort des Yapagués... »

« ... Quoi qu'il arrive, Kobané ne tombera pas. Aucun geste positif de la France pour l'instant... »

Le 22 septembre, après quatre jours d'une offensive éclair, les islamistes ne sont plus qu'à dix kilomètres de Kobané. Les premières frappes aériennes interviennent, destinées à freiner les renforts que Daech ne cesse de faire monter en ligne alors que les Kurdes, encerclés de toute part, ne peuvent combler leurs pertes.

Le 26 septembre, la situation de Kobané se fait dramatique. Les Yapagués ont pu tenir dix jours dans la plaine mais doivent se résoudre maintenant à s'enfermer dans la ville pour combattre en milieu urbain – ce qui compensera leur infériorité numérique et leur redonnera un peu d'avantage face aux blindés ennemis. Ils sont décidés à lutter jusqu'au dernier.

Je suis bientôt de retour à Paris et retrouve Khaled qui est saoul de fatigue. Mais trop tard pour que je gagne Kobané. Plus aucun accès n'est ouvert.

Je vais mal vivre cette situation. D'autant qu'au même moment, Daech lance une autre attaque d'envergure, cette fois sur la frontière irako-syrienne, concentrant ses forces sur Tel Kodja. Les hommes de Soran – celui qui n'était pas vraiment un poète – subissent dans leur secteur le choc et le feu de cette marée humaine ultra-violente. Après plusieurs nuits de furieux affrontements dans les tranchées et les redoutes, les islamistes doivent battre en retraite sans avoir pu enfoncer les défenses kurdes.

Je reçois peu après un message laconique : une bonne partie de l'unité de Soran a été anéantie dans cette victoire.

« Ils ne passeront pas », m'avait dit l'une des jeunes Yapajas sous son commandement.

Le 29 septembre, Kobané subit pour la première fois le feu roulant de l'artillerie islamiste. Il ne cessera plus des mois durant. Des dizaines de milliers de civils tentent de se réfugier en Turquie. C'est le chaos, la souffrance, la désolation. La ville est définitivement encerclée.

Le Stalingrad kurde commence.

XV

« Le Loup et le Chien », fable d'aujourd'hui

> « La valeur est avide de périls. »
> Sénèque, *De la providence*.

Front de Tel Maruf, sud-est de Kamichli, octobre 2014.

Me voilà enfin revenu à Rojava. Gérard Chaliand est avec moi. En 2012, cet ami de longue date – depuis les débuts de la guerre d'Afghanistan – a créé un centre d'études stratégiques à l'université d'Irbil. Il y enseigne plusieurs mois par an. Avec Kouchner, il est l'un des rares soutiens effectifs des Kurdes – je veux dire : engagé et actif dès la première heure – et il nous arrive de former une bonne bande. Je garde un souvenir mémorable de certaines soirées dans le vaste appartement fourni à Chaliand par le gouvernement de Barzani – soirées où nous rejoignait parfois Ahmed Bamarni venu de Bagdad. Les discussions politiques et stratégiques autour de bonnes bouteilles de vin et d'arak se mêlaient aux considérations sur la vie et les hommes, s'achevant au milieu de poèmes récités par cœur jusque tard dans la nuit, ou la rédaction occasionnelle d'une tribune enflammée pour le journal *Le Monde*.

Plaisir de travailler en francs-tireurs...

Au Kurdistan d'Irak, la situation sécuritaire s'est tellement dégradée depuis l'émergence de Daech et le début de la bataille de Kobané que le gouvernement de Barzani nous a fourni deux limousines blindées et cinq gardes du corps pour gagner la frontière syrienne de Djézireh et franchir en sûreté le Tigre – et son damné pont flottant. Fini les trajets en taxi ou dans les véhicules des militants de Rojava pour passer d'un pays à l'autre, de l'opulence clinquante du Kurdistan d'Irak à la pauvreté sobre du Kurdistan de Syrie.

À ce sujet, Chaliand et moi nous nous amusons des différences physiques entre nos gardes barzanistes et leurs homologues asahis. Les premiers : massifs et ventripotents. Les seconds : maigres et effilés. Une représentation symbolique à nos yeux de la fable du loup et du chien de La Fontaine – un auteur pour adultes, soit dit en passant – qui formule l'essentiel sur la liberté et ses exigences. Il n'est pas inutile de rappeler ici la psyché des deux protagonistes de cette fable si l'on veut saisir définitivement les ressorts des personnages ayant défilé dans ce récit : face au loup efflanqué acceptant tous les périls pour courir librement la forêt, le chien gras à collier préférant le doux enclos fourni par la protection de son maître. En quelque vingt années de paix et de progrès économique, nos amis kurdes d'Irak, autrefois émaciés, ont engraissé sans vergogne – et dans tous les sens du terme. Comme toujours dans ces circonstances, ils ont négligé leur liberté qui n'était plus cette conquête si chèrement payée par leurs pères mais une sorte de don gratuit dont le prix véritable s'était évanoui. Ils ont oublié les lois de l'histoire, la dynamique des peuples, la force des idéologies. Ils ont construit des centres commerciaux, des parcs d'attractions, des hôtels de luxe, tout ce qui pouvait les faire ressembler un jour à Dubai alors qu'ils étaient toujours environnés d'ennemis désirant ardemment leur perte. Devenus consommateurs, ils sont allés jusqu'à épargner tout service militaire à leur progéniture scotchée aux jeux vidéos et aux smartphones. Un peu de corruption là-dessus, un soupçon d'âpreté au gain, une bonne dose de mercantilisme et tout était prêt pour le drame. Lorsque les islamistes hypermotivés de Daech les ont attaqués à l'été 2014, les Peshmerga embourgeoisés de l'armée officielle se sont débandés à la même allure que les soldats irakiens de Mossoul. Où étaient les guerriers d'antan combattant jusqu'à la mort ? Il n'y avait plus personne pour défendre la liberté conquise à peine une génération plus tôt.

Désormais, le « syndrome d'Irbil » désignera pour moi la tentation de l'abandon des libertés pour la quiétude du veau d'or consumériste.

« Même fuir devient difficile quand on a pris dix ou vingt kilos », avait ironisé Chaliand en parlant de nos amis Peshmerga.

Dans ces heures sombres, la panique avait gagné Irbil au point qu'on s'y préparait à fuir dans les montagnes comme aux moments les plus terribles du régime de Saddam Hussein. Pour sauver leur capitale, les Kurdes d'Irak avaient dû faire appel à l'Occident qui avait envoyé ses avions puis ses conseillers puis ses armes. Mais entre-temps, au sol, c'étaient les loups maigres des Yapagués qui s'étaient portés au secours de leurs frères d'Irak – avec l'aide de leurs autres frères du PKK descendus en urgence des montagnes turques. Aldar Khalil, le « manchot », avait supervisé les opérations. Combat terrifiant, me dira-t-il plus tard. La chaleur était innommable, les vents de sable balayaient tout et les islamistes se montraient pugnaces, loups maigres eux aussi.

Daech voulait prendre Irbil comme il avait pris Mossoul, comme il avait pris tant d'autres villes d'Irak. Mais il tenait aussi à exterminer les yézidis et leur foi hérétique. Les Yapagués avaient repoussé les islamistes et ouvert un corridor vers leur territoire permettant de sauver ces malheureux de l'anéantissement. Pour la première fois, la communauté internationale avait reconnu la bravoure des Kurdes.

Nous voici maintenant à Kamichli, la capitale de Rojava. Du côté de Kobané, les nouvelles ne sont guère réjouissantes. La garnison tient encore, mais il est toujours impossible de rejoindre la ville encerclée. Nous pourrions tenter le coup par la

Turquie, mais ce serait aléatoire compte tenu de nos déclarations publiques sur la politique antikurde du gouvernement d'Erdogan. Au mieux nous serions expulsés. Gagner Kobané depuis Djézireh serait pire encore. Le danger est tel pour passer à travers les lignes islamistes du nord de la Syrie, que Redul Khalil, « l'Ukrainien », se refuse à nous faire prendre un risque aussi grand pour un intérêt somme toute limité. Il me dit :

« La moitié des renforts et de l'approvisionnement en munitions que nous tentons de faire passer par là ne parvient jamais à destination. Vous n'allez pas vous faire tuer pour rien... »

Abdulkarim Omar, chargé des relations diplomatiques, me console comme il peut : « Il y a tant de choses à faire sur les autres fronts, on n'en a pas terminé... »

Abdulkarim est un petit homme rond, large, épais. Éternellement vêtu de costumes beaucoup trop étroits, il semble toujours prêt à exploser. Pharmacien dans le civil, il a effectué une partie de ses études avec Khaled Issa à Damas et se démène pour la reconnaissance de son pays : « Avec ton ami Chaliand, je vais t'envoyer sur le front de Tel Maruf, le plus stratégique en ce moment. C'est à moins de quarante kilomètres de Kamichli. Si les islamistes décident de s'emparer de notre capitale, c'est dans ce secteur qu'ils attaqueront. Quarante kilomètres, c'est tellement peu. Là-bas, nous nous battons presque tous les jours pour les empêcher d'avancer d'un mètre. »

Tel Maruf, donc, quelques jours plus tard. Une

steppe désertique encore. Interminable, désolée, saupoudrée de villages. Quelques collines éparses dominent le *no man's land* chaotique séparant les lignes de front. Une unité de jeunes Yapajas tient la colline principale. La semaine précédente, les djihadistes sont parvenus à enlever leur position après une nuit de combats forcenés. Le surlendemain, Yapagués et Yapajas ont repris la colline en lançant une charge sur les pentes, baïonnettes au canon. Les Kurdes ne pouvaient laisser les islamistes installer leur artillerie sur ce sommet d'où ils auraient pulvérisé leurs villages en contrebas. Une dizaine de tués dans l'assaut, trois fois plus de blessés. Une manière de Diên Biên Phu dans le désert.

Pour enfoncer les lignes kurdes et conquérir la colline, les islamistes avaient utilisé un véhicule suicide. Une technique commune chez eux. Ils bourrent une voiture d'explosif et le chauffeur-kamikaze se fait sauter à l'endroit permettant le mieux d'ouvrir une brèche dans le système défensif adverse, par où peuvent s'engouffrer ensuite les assaillants. Du break utilisé ici, il ne reste plus grand-chose. Il s'est presque volatilisé au bas du vallon menant à la colline. Éventré et calciné, il laisse quand même voir la multitude d'impacts de balles qui ont tenté de le faire exploser avant qu'il n'atteigne son but.

« À Kobané, c'est encore pire, commente une Yapaja. Dans les combats de rue, les djihadistes lancent contre nos camarades des camions-suicides qu'on ne peut arrêter à cause de leurs blindages. Ces engins détruisent des immeubles entiers. Malgré ça, les islamistes ne parviennent pas à nous faire reculer. Alors, ils envoient aussi leurs kamikazes avec des ceintures d'explosifs. Ils sont fous... »

Drôle de guerre chez ces miliciens de Daech. Ils mêlent procédés sauvages et méthodes de combat moderne, matériels sophistiqués et engins rustiques, comme ces mortiers artisanaux qui envoient des obus fabriqués à partir de bouteilles de gaz.

Un chasseur passe très haut dans le ciel, comme un éclat de lumière tranchant, et bombarde une invisible cible au loin, hors du territoire kurde. Frappe aérienne de la coalition. Les Yapajas sourient. C'est un peu leur aviation qui vient d'intervenir, même si aujourd'hui elle le fait au profit de l'ASL – l'Armée syrienne libre – dont les groupes les plus sûrs coopèrent avec les Kurdes. Sans cette aviation, l'armement lourd de Daech ferait sans doute la différence.

La journée est calme. À l'ombre d'un arbre poussant devant une casemate, nous prenons le thé en plein air avec l'unité Yapaja qui tient la colline. Les filles ne sont pas plus d'une vingtaine sur cette position, leurs Kalachnikov à portée de main. Comme toujours, les forces kurdes sont organisées en petits groupes autonomes et très mobiles qui se regroupent selon les besoins, formant alors des unités aussi grandes que nécessaire. Sans étonnement aussi, je retrouve le mélange de discipline prussienne et de comportement bon enfant formant l'*ethos* des combattants de Rojava.

Une femme de trente ans commande ces Yapajas. Je ne l'ai jamais vue. C'est un cadre du PKK venu en renfort du Kurdistan turc trois mois plus tôt. Extrêmement belle et souriante, les cheveux courts, les yeux magnifiques, elle se tient avec élégance dans sa tenue de combat camouflée. Cette amazone de feu guerroie depuis plus de dix ans sur tous les fronts kurdes. Elle est heureuse de parler avec des amis étrangers, de raconter ses combats, la foi qui l'anime, l'espoir qui la porte.

Temps mort entre deux batailles. Les heures s'écoulent comme si la guerre avait disparu.

L'après-midi touche bientôt à sa fin. Nous repartons avec notre escorte. Un dernier regard en arrière et j'emporte l'image de ces Yapajas rieuses qui rangent les tasses de thé, replient le tapis qu'elles avaient installé sur le sol de terre, et disparaissent une à une dans leur casemate.

Jusqu'à ce que la guerre les reprenne.

À l'arrière du front de Tel Maruf, Chaliand et moi arpentons maintenant les ruines de la ville elle-même. Un parcours jalonné de tristesse. Il y avait là autrefois deux mosquées d'une confrérie soufie, dotées de minarets splendides recouverts de délicats camaïeux de mosaïques bleues. Les minarets sont maintenant renversés de toute leur masse dans un amoncellement de gravats. Devenus gisants de pierre, ils témoignent dans leur immobilité de l'intransigeance doctrinaire des islamistes à l'intérieur de leur propre religion. Les musulmans de Tel Maruf ne voulaient pas du salafisme révolutionnaire de Daech, horrifiés par ses exactions et sa volonté de codifier à l'extrême les moindres aspects de leur vie quotidienne. Alors, la punition est tombée, roide, définitive – et d'une violence souveraine comme toujours. Une colonne djihadiste est venue dynamiter les minarets au cours d'un raid nocturne, profanant les tombes des saints, souillant d'urine et d'excréments le sol des deux mosquées, disséminant des pièges partout, et inscrivant le mot « Daech » sur les murs pour signer son œuvre. Après quoi, la colonne était repartie avec son habituel butin de femmes destinées aux viols à répétition.

Terrorisée, la population avait fui, laissant la ville à l'abandon. Les Yapagués y ont désormais installé une unité permanente pour sa défense mais Tel Maruf n'est plus qu'une ombre dans la plaine kurde.

De retour à Kamichli, nous allons voir Sheikh Mohammed al Kadiri avec lequel j'aime échanger à chaque séjour. Ce dignitaire arabe nous dit avec abattement :

« Ces islamistes sont le plus grand fléau que nous ayons jamais connu. Quelle calamité ! »

Sheikh Mohammed, de la confrérie soufie Kaderia, est le ministre chargé des Cultes au sein du gouvernement de Djézireh. Une figure. Toujours vêtu de ses vêtements traditionnels, le visage empreint de bonhomie sereine, encore jeune, le geste parcimonieux, il semble tout droit sorti d'un conte des *Mille et une Nuits*.

« Pour ces islamistes, nous sommes tous des apostats, ajoute-t-il. Nous les Arabes sunnites de Rojava qui ne voulons pas d'eux, mais aussi les autres peuples de ce pays, Arméniens, Tcherkesses, Assyriens, Kurdes... Sans oublier les chiites, les chrétiens ou les yézidis. Même les frères musulmans et les islamistes du Hamas ne sont pas suffisamment « purs » à leurs yeux. D'une certaine manière, c'est une chance qu'ils aient déclaré la guerre à tout le monde. La haine de ces islamistes nous a soudés encore davantage. Ce sera eux ou nous dans ce combat. Ils ne nous laissent pas le choix, voyez-vous. »

Le 29 novembre 2014, la bataille de Kobané bascule. Les djihadistes échouent une fois de plus à s'emparer du poste frontière de la ville pour prendre les Yapagués en tenaille. À partir de ce jour, ils ne cessent de reculer. Leur moral fléchit. Début janvier les Yapagués lancent une ultime contre-offensive avec tout ce qui leur reste de forces. Les djihadistes s'accrochent mais les Kurdes les débordent et s'emparent des collines stratégiques autour de la ville. La coordination de leurs assauts avec les frappes aériennes est désormais parfaite.

Les combats cependant se poursuivent plusieurs semaines encore. Jusqu'à ce que les djihadistes perdent définitivement pied. Le 26 janvier

2015, dans un dernier effort, les Yapagués les boutent hors des murs de Kobané. Ces ultimes combats sont d'une violence inouïe, les pertes en vies humaines considérables. Plusieurs milliers de tués et de blessés en quatre mois. La garnison kurde est exsangue.

La presse et le monde politique occidental saluent cette victoire inespérée, rendant hommage à la vaillance des défenseurs de Kobané. La ville est presque entièrement rasée, les intellectuels médiatiques affluent à Rojava, les politiciens d'opportunité débarquent à leur suite.

Awar rigole doucement.

XVI

Lumières de France

> « C'est seulement dans la mauvaise fortune que l'on trouve les grands exemples. »
> Sénèque, *Traité de la providence*.

Paris, décembre 2014.

À chaque retour de Rojava, c'est la même chose : un vague malaise monte en moi. Il me suffit de débarquer de nuit à Roissy pour que ce malaise prenne naissance devant les publicités agressives qui défilent sur la route me ramenant à Paris. Je quitte un univers de sobriété habité par la foi dans une utopie en train de prendre forme pour entrer avec brutalité dans un monde d'abondance et de surplus où chacun sent le vertige existentiel provoqué par la désertion de tout véritable idéal collectif. Là-bas, on accepte de payer le prix élevé de la liberté, ici on solde sa vie dans la quête moderne du divertissement généralisé. Là-bas on se bat, ici l'on consomme. Tout s'achète et se vend dans une tranquille assurance – et même bientôt l'amour et l'amitié, nous promet-on. Là-bas, la gravité tragique de l'existence, ici la montée de l'insignifiance. Là-bas, un monde de bravoure où l'on ne craint pas la mort, ici un monde où la peur de vivre envahit tout : peur de ce que l'on mange, de ce que l'on boit, de la météo qu'il va faire – et jusqu'à la peur de ce que l'on respire.

Je reviens au sein d'un peuple effrayé.

À Rojava, j'ai le sentiment d'être un cambrioleur venu dérober une part du souffle vital qui imprègne chaque chose et chaque instant malgré la guerre – ou sans doute à cause d'elle. Lorsque je rentre dans ma patrie, j'ai l'impression de me faire voler l'énergie rapportée dans la besace de mon crâne.

J'habite la part protégée du monde – comme le rappelle infatigablement Chaliand dans sa grande lucidité. Un monde ancien, bientôt un musée, fatigué de lui-même, se fichant pas mal de ce qui se passe ailleurs – là où tout va mal depuis l'éternité des temps. Mais un monde qui a tout de même produit « 80 à 90 % des trésors spirituels » de l'humanité depuis trois mille ans – comme l'affirme l'écrivain albanais Ismaïl Kadaré.

Il y a donc de l'espoir, à défaut d'illusions.

En ce mois d'hiver, Awar est silencieux dans le taxi qui nous a embarqués à l'aéroport. Il regarde les gens défilant devant les portières et me demande tout à coup : « Qu'est-ce qui te frappe le plus, chez toi ?

– Awar, je sais ce que tu vas dire : le nombre de vieux. À Rojava, on ne voit que des jeunes.

– Oh, vous en avez quand même encore beaucoup. Mais si vos jeunes devaient risquer leur vie pour la démocratie et mourir pour la liberté, qu'est-ce qu'ils feraient à ton avis ?

– Pour l'instant, ils se révoltent à leur manière, Awar. C'est déjà pas mal. Et puis, chacun ses problèmes. Vous, ce qui vous guette, c'est l'ivresse du pouvoir si vous gagnez un jour. »

Awar ne dit rien. J'ajoute cruellement : « Est-ce que vous resterez les mêmes après la victoire ? Tu connais beaucoup de révolutions qui n'ont pas dérapé ? Mais, bah, jusque-là tout va bien et je vous admire. Vous avez passé tous les obstacles. »

Après les attentats de *Charlie Hebdo* et les défilés monstres dans les rues des villes de France, Awar me concédera, impressionné : « Parfait, vous tenez le bon bout. »

Cette fois, c'est moi qui grognerai : « J'espère que tous ces gens ne se contenteront pas de défiler. »

Je suis trop sévère. Certains avaient commencé à se bouger avant les attentats de Paris. Plus exactement à partir du siège de Kobané – et de sa médiatisation pour être plus précis... Mais il n'est jamais trop tard pour voir les écailles tomber de ses yeux.

Je me souviens en particulier d'une soirée de novembre 2014. Quelques jours auparavant, Khaled Issa, le représentant du PYD à Paris m'appelle au téléphone. Sa voix est enrouée. La veille, sa femme m'a avoué qu'il ne dormait plus à cause de la situation à Kobané. Il était même devenu aphone à force de se démener pour obtenir des soutiens, courant de réunion en réunion et parfois de capitale en capitale, toujours en lien avec l'état-major de Rojava. Khaled n'est plus tout jeune mais d'une combativité adolescente. Toujours fringant dans son éternel costume cravate, rien ne l'arrête. Un caractère affirmé et une volonté en marche. Bien avant lui, son père a été de tous les combats au Kurdistan, achevant sa vie comme tailleur de pierre pour nourrir sa famille. De son existence faite d'infortune et d'adversité, ce vieux guerrier avait pris l'habitude de toujours garder un bout de pain dans sa poche. À sa mort, la mère de Khaled avait veillé à ce que le dernier morceau de pain trouvé sur lui ne soit pas jeté. Elle l'avait mis sur un meuble de la maison, bien visible par tous. Quand les choses allaient mal, elle le montrait à ses enfants en disant : « N'oubliez jamais ce qu'est notre vie. »

Le soir de cet appel, je comprends tout de même ce que Khaled me dit de sa voix fatiguée : « Patrice, on organise une grande manifestation au Théâtre du Gymnase le 10 novembre. Saleh Muslim sera là. Viens témoigner pour nous. On a pu mobiliser quelques amis politiques français, mais ils ne connaissent pas le terrain. »

Au jour dit, me voilà sur place. La salle est pleine : des Kurdes principalement – il ne faut pas rêver. Les orateurs alignés sur la scène représentent toutes les tendances de la gauche française. Je dois être le seul non encarté de la bande. Saleh

Muslim a l'air épuisé, les yeux rouges. « Je ne dors pas trois heures par nuit », m'avoue-t-il. Kobané est au plus fort de la bataille démente où se joue le destin de Rojava et il porte ce destin sur ses épaules. Kobané est aussi la ville où il est né. Ses trois fils combattent dans les rangs des Yapagués et l'un d'eux a déjà été tué l'année précédente. Une épreuve supplémentaire dans la lutte incessante de cet homme. Je m'inquiète : « Fatigué, Saleh ? » Il me répond : « Pourquoi ? Je n'ai pas le droit. » Une phrase que j'entendrais souvent dans sa bouche au cours des mois suivants.

On me demande d'intervenir le premier. Très bien. Devant ce public conquis d'avance et qui n'attend que des encouragements, je rappelle des choses simples : l'État islamique assassine surtout des musulmans, les Kurdes les protègent et font tout pour vivre en bonne harmonie avec eux. Leur combat est légitime. C'est une guerre juste. J'appelle ensuite à livrer des armes aux Yapagués pour vaincre Daech et permettre à Rojava d'exister. Je me rassois. Sur cette question des armes, je crains d'être en opposition avec certains des intervenants dont les discours vont suivre – pacifistes proclamés à ce que je crois. Je me prépare au pire. Mais je n'ai décidément rien compris. La jeune et pétulante députée d'Europe Écologie-Les Verts qui me succède est sur une ligne guerrière plus tranchante que le fil d'un sabre de samouraï. Ceux qui interviennent à sa suite en rajoutent encore, exaltés et gesticulants. On jurerait qu'ils veulent exterminer les djihadistes.

Lorsque la députée reprend sa place près de moi, je me penche vers elle, vaguement taquin : « Si les écolos appellent à tuer des gens, même malfaisants, où va-t-on ? »

Elle sourit comme une Yapaja sur le champ de bataille. La guerre est déclarée…

Paris et sa pantomime… Une partie de l'histoire de ce livre s'y est déroulée, les luttes modernes se menant sur tous les fronts. À cet égard, Bernard Kouchner a fait un travail remarquable pour les Kurdes, discrètement et efficacement, auprès de l'Élysée et de tout ce qui compte ailleurs. Kouchner est un vieil ami des Kurdes. Depuis quarante ans au moins, il soutient leur combat sans faiblir. Son nom au Kurdistan est aussi célèbre et célébré que celui de Mme Mitterrand, autre cuirasse indéfectible de ce peuple pendant des années. Quand nous sommes allés tous les deux à Rojava en novembre 2014, Kouchner a été accueilli à l'égal d'un chef d'État. La fureur des islamistes a été telle qu'ils ont tenté de nous éliminer en fomentant un attentat à Kamichli – déjoué à temps par l'imposante garde prétorienne des forces spéciales asahis assurant notre protection. Le surlendemain, les spadassins de Bachar el-Assad n'ont pas eu plus de succès dans une tentative d'enlèvement avortée. Kouchner n'en a pas moins été insulté sur les réseaux sociaux djihadistes – comme on l'imagine avec ces brutes – et conspué aux Nations unies par le représentant de Damas – comme il se doit avec ce régime.

Avec Kouchner, nous nous sommes donc vus sans cesse dix-huit mois durant. Nous avons fait avancer les choses à notre manière, par « courts-circuits », en toute liberté, faisant cavalier seul puisque au cours de cette longue période, personne, où presque, ne s'intéressait à la cause kurde. Ensemble, nous avons vécu la lente montée vers la reconnaissance de nos amis de Rojava.

Le déroulé chronologique de cette reconnaissance tient aujourd'hui en quelques lignes révélatrices : en 2013, pas un personnage officiel d'importance ne reçoit Saleh Muslim lorsqu'il est de passage à Paris. C'est le vide sidéral. Tout coprésident du PYD qu'il soit, il doit accueillir ses rares visiteurs dans le minuscule bureau de Khaled Issa – et on ne s'y bouscule pas. Les journalistes se désintéressent de lui, les diplomates se méfient, les militaires l'ignorent. L'année 2014 débute sur la même tonalité désespérante. Les Kurdes n'existent pas. Et puis au début de l'été, quand Daech surgit sur la scène mondiale, tout change d'un coup. Les Yapagués et le PKK sauvent les yézidis de l'extermination, protègent les chrétiens menacés, empêchent Irbil de tomber, résistent à Kobané. Les journalistes se précipitent au Kurdistan, les diplomates lèvent un sourcil, les militaires se penchent sur les cartes, Saleh Muslim et Khaled Issa commencent à rencontrer les uns et les autres à des niveaux de responsabilités de plus en plus grand. Début décembre 2014, Kouchner voit en tête à tête le président de la République après notre retour du Kurdistan syrien et le convainc d'avancer sur ce dossier. Dernière étape le mois suivant, en janvier 2015 : les attentats de Paris sont un électrochoc, le salafisme surgit définitivement sur la scène française les mains pleines de sang, Kobané se libère enfin, les Kurdes apparaissent pour ce qu'ils sont : le principal rempart contre l'État islamique. Quelques jours plus tard, François Hollande reçoit à l'Élysée Saleh Muslim, Asya Abdullah et Nasrin Abdallah, membre du conseil militaire de Kobané. Première reconnaissance officielle par la France et fin de la première partie de cette geste épique et fondatrice. Quel chemin parcouru par les Kurdes !

J'avais dit alors à Awar : « Vous avez gagné le premier round. »

Il avait répondu sobrement : « Les combats de boxe en comportent quinze à ma connaissance. »

XVII

Honneur aux combattants

> « Vivre est une chose indifférente. L'usage qu'on fait de la vie ne l'est pas. »
> Épictète, *Entretiens*, II.

Route de Sérikani, novembre 2014.

Un jour d'automne, en pleine bataille de Kobané, presque tous les personnages de ce livre s'étaient trouvés réunis dans un cimetière pour une cérémonie d'hommage aux combattants tués sur les autres fronts de Rojava. Il y avait là Redul Khalil, « l'Ukrainien », en tenue de combat impeccable, Hussain Kotchar, le commandant en chef de Tel Khanzir avec son éternel regard triste et sa pelisse camouflée, Abdulkarim Omar dans son costume trop étriqué, Aldar Khalil, le « manchot », Bernard Kouchner qui avait choisi de mettre une cravate pour la circonstance, quelques membres du gouvernement. Les forces spéciales asahis assurant notre sécurité s'étaient déployées sans bruit autour de nous.

Quelques instants plus tôt, notre convoi avait

fait halte en silence sur le bord de la route. Nous étions descendus et avions marché moins de cent mètres pour pénétrer dans ce cimetière isolé, paisible et vaste, enchâssé dans une plaine plus vaste encore. Personne ne parlait. Devant nous, des alignements de tombes fleuries nous contemplaient.

Des cimetières militaires comme celui-ci, il en existe dans toutes les localités de Rojava. Ils ont un caractère sacré. Tout est fait pour que les combattants morts au « champ d'honneur » ne soient jamais effacés des mémoires, pour que leurs noms demeurent dans l'imaginaire collectif du peuple et des unités où ils ont servi. Dès leur incorporation, les hommes et les femmes s'engageant dans les troupes kurdes sont photographiés en uniforme et montent au front en laissant derrière eux ces photos soigneusement conservées par leur hiérarchie. Si le destin choisit de les faire tomber au combat, leurs portraits rejoignent ceux de leurs camarades tombés avant eux, partout où il est possible de leur rendre hommage : frontons des bâtiments officiels, casernements, places publiques, avenues – et cimetières, bien sûr. Ainsi découvre-t-on partout à Rojava ces portraits émouvants qui ajoutent à l'élan révolutionnaire ce sens du tragique permettant de surmonter toutes les épreuves. Dans les salles de cours de l'académie de police de Rimela, on travaille sous le regard de dizaines d'Asahis passés par ces mêmes salles d'étude avant de mourir en pleine jeunesse et dont l'image à jamais figée peuple les murs. Dans les casemates des Yapagués, les chambrées des Yapajas, on dort sous la garde bienveillante de centaines d'autres portraits identiques. Les figures les plus héroïques de ce martyrologe ininterrompu ornent les places d'honneur des mairies, des assemblées communales, des réunions populaires. Ce sont là leurs monuments aux morts.

À chacun de mes séjours, j'ai été frappé par le culte rendu aux combattants ayant donné leur vie pour Rojava. Je me souviens en particulier d'une cérémonie dans la région de Dayrick en 2013 où des milliers d'habitants s'étaient rassemblés dans une plaine isolée pour le premier anniversaire de la libération du Kurdistan, pavoisant les lieux de banderoles multicolores, de fanions et de drapeaux. Un bataillon entier de Yapagués et de Yapajas entourait les mères de leurs camarades morts au combat. Par dizaines, ces femmes se tenaient dignement au premier rang, la tête recouverte d'un voile de deuil, écoutant ces chants patriotiques kurdes qui forment le fond sonore de Rojava.

Je me souviens encore, à Dayrick toujours – un an plus tard – de cet autre bataillon venu rendre les honneurs à l'un des siens, tué la veille sur le front sud de Djézireh. Garçons et filles au garde-à-vous saluaient son cercueil avec émotion, écoutant le discours de leur commandant qui s'achevait ainsi : « Hommes et femmes du Kurdistan, nous continuerons à combattre les islamistes pour parvenir à notre objectif : la liberté de notre pays. Les martyrs ne meurent jamais. »

Enfin, je me souviens des paroles de ce père penché en juillet 2014 sur la tombe de son fils à

Kamichli : « Mille deux cents djihadistes avaient encerclé son unité. Ils n'étaient que trente et ils ont quand même résisté pendant six heures. Ils ont tous été tués. Mon fils est enterré ici avec ses camarades. »

Puis, montrant d'autres tombes, celles de « soldats inconnus », cet homme vieilli par la douleur avait expliqué : « Celui-ci, les islamistes avaient tellement joué avec son corps que personne ne sait qui c'est. Celui-là, c'est pareil. Ils lui avaient enlevé ses vêtements, arraché les yeux et coupé la tête. On ne pouvait plus le reconnaître. La seule manière pour les mères de retrouver leurs enfants, c'était les noms sur les uniformes. Rien ne justifie de faire ça, aucune cause. »

XVIII

Tout commence pour de bon

> « Montre-moi comment, sur un vaisseau, tu as l'habitude de subir la tempête. »
> Épictète, *Entretiens*, II.

Paris, janvier 2015.

Je suis en train d'achever ce livre quand un grand magazine me demande un témoignage sur la bataille de Kobané et ses enjeux. Quelques jours plus tard, je publie le texte suivant en forme de résumé et de conclusion à ce livre. Un texte destiné à donner sous une forme ramassée l'essentiel de ce qui a précédé :

« Ainsi donc les Cassandres occidentaux du défaitisme ont eu tort une fois de plus dans leur vision crépusculaire du monde. Non seulement Kobané, la ville kurde cernée par les islamistes, s'est refusée à tomber entre leurs mains, mais elle s'est libérée de leur barbarie avec bravoure et en à peine quatre mois. Un record pour la Syrie. Que l'on songe à Homs ou Alep. Mais ces quatre mois ont été une éternité pour les combattants kurdes. Ils ont dû se battre jour après jour, pied à pied, au corps-à-corps souvent, à la baïonnette parfois, pour avancer simplement de quelques mètres ou reprendre une ruine perdue la veille. Quatre mois, c'est une nuit sans fin quand il faut conquérir les rues une par une, maison par maison, dans le décor d'apocalypse de ce qui était devenu un Stalingrad des temps modernes. Et cela en manquant d'eau, de vivres, de munitions, de matériel médical pour les blessés, de tout ce qui rend la guerre moins effrayante quand on n'est privé de rien. Ç'aurait pu être une défaite glorieuse comme à Camerone. Ce fut une victoire à l'arraché comme à Borodino.

«Tel Churchill en 1940, les chefs kurdes ne pouvaient proposer à leur peuple que du sang, de la souffrance et des larmes pour vaincre un jour. En attendant, il fallait tenir le choc. Serrer les dents et savoir souffrir. Les Kurdes ont su tout supporter. Ils ont vécu dans des casemates de fortune, des tranchés sommaires, des abris faits de bric et de broc, des tunnels creusés entre les immeubles. Ils se sont battus la faim au ventre et le stress au cœur, dormant comme ils pouvaient, quand la bataille le voulait bien, derrière des sacs de sable ou des tôles rouillées récupérées dans des casses de voiture.

«Le prix de la liberté est lourd à l'heure du bilan. Sur les deux mille cinq cents combattants et combattantes de la garnison d'origine, encerclés en septembre et luttant depuis dos au mur avec l'aide de quelques centaines de civils, la moitié a été tuée ou blessée dans cette bataille implacable mais désormais entrée dans la légende. Les djihadistes ont sans doute payé le double de ce prix. Et connu la défaite la plus cinglante de leur histoire.

« De Kobané, il ne reste rien maintenant qu'un amoncellement de ruines, de décombres et de gravats parsemés de cadavres. Des siècles pour bâtir un pan d'humanité, quelques mois seulement pour l'abattre. La guerre telle qu'en elle-même.

« Je me souviens qu'au début du siège de la ville les chancelleries d'Europe ne donnaient pas une semaine aux Kurdes pour être à genoux. Ils allaient connaître un effondrement identique à celui de la puissante armée irakienne qui s'était débandée deux mois plus tôt à Mossoul. Comment pourrait-il en être autrement face à la marée des djihadistes qui venaient de s'emparer de l'armement lourd de cette armée : chars, artillerie, missiles. Les Kurdes ne feraient pas le poids avec leurs armes légères. C'était méconnaître de bout en bout la différence d'*ethos* et de *psychê* entre les soldats de Bagdad vides de tout idéal et les combattants kurdes portés par un élan quasi mystique de liberté et un rêve de démocratie. L'ethos et la psyché d'un peuple. L'essentiel pour perdre ou gagner une guerre. L'armement ne vient qu'ensuite. Nous confondons toujours tout.

« Les combattants kurdes s'étaient donc enfermés dans leur ville comme Léonidas et ses trois cents spartiates aux Thermopyles vingt-cinq siècles avant eux. Sans esprit de recul, gardant toujours l'espoir de vaincre même à un contre dix, et prêts à mourir jusqu'au dernier pour la plus haute des valeurs morales : sauver leur peuple de la horde de vandales venus l'anéantir pour ce qu'il était : différent. Des vandales si supérieurs en nombre et en puissance de feu que, sur le papier, tout semblait perdu. Mais on peut toujours forcer le destin. La victoire de Kobané, c'est aussi cela. Dénier que tout soit écrit d'avance. Que restera-t-il de cet esprit dans l'avenir par-delà les faits eux-mêmes ? Je forme des vœux pour que le mot de Kobané entre dans le langage commun. De la même manière qu'on dit aujourd'hui "c'est la Bérézina" pour un échec sans appel, ou "franchir le Rubicon" pour une décision ferme et définitive, on dira peut-être demain "il est de Kobané" pour celui qui refusera tout esprit munichois d'abandon, même au prix d'un combat désespéré.

« Comment les Kurdes ont-ils fait pour triompher ? Certes, les frappes aériennes de la coalition ont été déterminantes pour freiner les renforts permanents que les milices islamistes envoyaient sur le champ de bataille alors que les Kurdes ne pouvaient quasiment pas combler leurs pertes, cernés de toute part qu'ils étaient. Sans ces frappes, ils en seraient sans doute à former leur dernier carré. Mais la vérité de leur victoire tient à autre chose. À deux vertus en réalité : valeurs et but collectif. En avoir où pas. Tout est là. Les valeurs ? Chez les Kurdes de Syrie, le courage, le sacrifice, l'héroïsme, l'abnégation ou le patriotisme ne sont pas passés de mode. Ce sont des mots qui ont du sens, de l'épaisseur, un côté charnel impressionnant, ce sont des mots d'une vigueur sans cesse grandissante dans la jeunesse, des mots qui galvanisent. Le but collectif ? Ne pas voir s'effacer de la carte l'État autonome qu'ils avaient mis en place dans le nord-est de la Syrie après s'être débarrassés de la tyrannie de Bachar el-Assad. Un État de fait si ce n'est de droit, un État qu'aucun autre au monde ne reconnaît, mais un État quand même, avec son armée, sa police, son gouvernement, son parlement, son administration. Et surtout son projet de société, révolutionnaire pour le Moyen-Orient : démocratie, laïcité, égalité homme/femme, justice économique, décentralisation, respect des minorités qui toutes participent au gouvernement, des Arabes aux chrétiens. Le résultat est encore loin d'être parfait mais la route est prise. Collectivement. On reproche souvent son autoritarisme au principal parti Kurde, le PYD, fédérateur de ce mouvement d'unité. On se méfie aussi de son affiliation au PKK d'origine marxiste. Mais c'est une guerre totale que le PYD doit gérer. Une guerre de survie. Les atermoiements ne peuvent être de mise en cet instant, non plus que les facteurs de division. C'est cette unité, même imposée parfois, qui a fait la victoire de Kobané. Nombre d'Arabes, de chrétiens ou d'Arméniens combattent dans les troupes kurdes parce que cette unité existe. Sans cela, ils auraient tous connu le même délitement mortifère que l'Armée syrienne libre.

« Ces troupes kurdes unifiées, redoutables d'organisation et d'efficacité, ont définitivement fait leurs preuves face aux pires ennemis de l'Occident et c'est bien l'essentiel. Leur nom est désormais connu de tous : les Yapagués – acronyme YPG pour Unités de défense du peuple. Sans oublier la branche féminine des Yapajas – YPJ, Unités de défense des femmes, puisque quelque 30 % des combattants sont des combattantes de première ligne. Aussi efficaces, guerrières, et motivées que les hommes. De véritables amazones, telle Narin Afrin, leur commandante en chef à Kobané, une femme de quarante ans à la volonté de fer, belle et indomptable comme devait l'être Jeanne d'Arc. Je ne connais pas de peuple aussi fier de ses femmes que les Kurdes. Où sont les féministes françaises qui en parlent pour les défendre ? Mais peut-on parler de femmes du Moyen-Orient qui meurent pour ne pas être voilées ?

« C'est tout cela que les djihadistes ont voulu – et veulent encore – anéantir de toute urgence. Une expérience démocratique insupportable à leurs yeux. Voilà pourquoi dans cette région Daech porte l'essentiel de ses efforts sur l'État autonome kurde, dont la région de Kobané est une poche isolée. Pour eux, Bachar peut attendre. C'est un moindre mal.

« Enfin, les Kurdes ont aussi gagné parce qu'ils ont gardé le sens du tragique, cette vertu qui seule permet de ne pas faire de la mort un tabou et de l'affronter sans crainte pour ce qui vaut la peine d'être vécu. Nous étions comme eux il n'y a pas si longtemps. La leçon mérite d'être méditée.

« Quels autres enseignements tirer de cette

bataille ? De même que rentrer d'un voyage la tête seulement pleine d'anecdotes et non d'expériences transformées en conscience est une faute de l'esprit, c'en serait une de même nature que de réduire la victoire de Kobané à un simple événement militaire. Tous les angles sous lesquels on peut analyser cette victoire ont quelque chose à nous apprendre.

« Sous l'angle géopolitique, les Kurdes de Syrie ont maintenant conquis leur place d'acteur régional crédible. On ne pourra plus les ignorer comme au cours des deux dernières années. Seul rempart efficace contre Daech en Syrie, ils sont capables d'en débarrasser tout le nord du pays. Il suffirait de leur fournir les armes nécessaires. Ils n'ont nul besoin de nos troupes au sol. Ils sont ces troupes.

« L'autre acteur régional de poids, la Turquie, notre allié dans l'OTAN, a lui, définitivement démontré sa duplicité. Ankara a tout fait pour que les Kurdes soient écrasés par les islamistes. Si les mots ont un sens, il faut appeler les choses par leur nom. À Kobané, les Yapagués se sont battus avec les canons des chars turcs dans les reins et les Américains ont dû sans cesse tordre le bras de ces derniers pour qu'ils laissent passer au compte-gouttes armes, munitions ou combattants kurdes d'Irak. À peine cent cinquante, d'ailleurs, c'est dire... Si les Turcs avaient laissé la frontière ouverte, ce sont des milliers de Yapagués qui auraient pu venir en renfort de la garnison. Daech aurait été bouté hors de ce champ de bataille depuis longtemps.

« Sous l'angle politique, la victoire de Kobané

est aussi celle du Code civil contre la charia. Ce n'est pas rien. Deux visions du monde et de l'homme se sont affrontées à front renversé dans la ville martyre. D'un côté ceux qui voulaient que l'homme soit maître de son destin, de l'autre ceux qui le voulaient irrémédiablement soumis à un Dieu bien déterminé. Les armes viennent de décider du vainqueur et c'est tout un symbole. Même une foi fanatique et dévoyée peut être vaincue par la volonté de liberté. Il suffit de courage. De beaucoup de courage. À cet égard, je connais bien des cheiks arabes du Kurdistan, notamment dans les tribus Shammar, qui se réjouissent en ce moment même. Profondément musulmans, ils ont su avoir du Coran une lecture réformée leur permettant d'accepter la démocratie kurde et d'y participer. Depuis qu'ils ont vu à l'œuvre la barbarie de Daech, ils haïssent sa haine si l'on peut dire. Et rappellent sans cesse que les islamistes tuent d'abord les musulmans qui ne sont pas à leur image. J'ai perdu le compte des mosquées souillées et des minarets abattus par ces "fous de Dieu".

« Une autre question se pose alors aussitôt. Pourquoi les djihadistes européens choisissent-ils tous de s'enrôler chez les pires extrémistes de l'islam et non dans les groupes modérés qui combattent ici ou là ? J'ai vu les passeports des djihadistes Français capturés par les Yapagués à Kobané, puisqu'il y en a eu. Qu'étaient-ils venus faire dans cette galère et pourquoi n'étaient-ils pas aux côtés des musulmans arabes engagés dans les troupes kurdes ? Il faudra l'expliquer un jour en détail. En attendant, le mal fascine, la vertu rebute.

« Sous un angle social, enfin, Kobané est la victoire elle aussi symbolique des femmes contre l'état d'infériorité dans lequel les djihadistes veulent les maintenir. Nombre de Yapajas se sont sacrifiées pour cette victoire et sont mortes au champ d'honneur. La plupart avaient vingt ans. Quelles que soient les circonstances, elles ne se rendaient jamais. Les islamistes leur auraient fait regretter d'être nées : viols, tortures, égorgement et décapitation sont la règle chez eux. Les images qui ont circulé sur le Net montrant les têtes sanglantes de femmes brandies par des djihadistes hilares étaient toutes des têtes coupées sur des cadavres de jeunes filles tuées les armes à la main. Les exemples abondent de Yapajas encerclées préférant se faire sauter à la grenade au milieu de l'ennemi plutôt que de se laisser prendre, ou gardant leur dernière cartouche pour elles-mêmes. Les survivantes dansent aujourd'hui. Ce n'est pas tous les jours que des femmes mettent la raclée à des barbus.

« Kobané est libérée mais les Kurdes crient victoire avec modération. Tout reste à faire encore. Les quelque trois cents villages qui composent la région sont toujours aux mains des islamistes et le combat en plaine risque d'être terrible. Une contre-attaque de Daech est aussi possible, prévisible même, n'importe où sur le front. Les djihadistes ont une humiliation à laver, une crédibilité à reconquérir. Que le petit David kurde ait pu vaincre le puissant Goliath djihadiste est une faille qu'il leur faut combler au plus vite.

« Rien n'est donc joué. Mais une chose est sûre désormais. Ces Kurdes qui partagent nos valeurs sont les seuls à marcher main dans la main avec les chrétiens, les seuls à protéger les musulmans vivant chez eux, les seuls à respecter les minorités, les seuls à se battre farouchement contre l'islamisme radical, bref les seuls à pouvoir être sur la longue durée des alliés fiables dans cette région du monde. Si nous nous en souvenons assez longtemps, peut-être finirons-nous par les aider comme il se doit. Massivement et courageusement. Pour garder là-bas comme chez nous, à l'exemple des combattants de Kobané, un quart d'heure de souffle de plus que le destin. »

Paris, Sens, Perrigny.
Novembre 2014 - février 2015.

Table des matières

I. – Puisqu'il faut mourir un jour............	11
II. – Fin de patrouille	21
III. – Dos au mur........................	25
IV. – Spartiates contre barbares	32
V. – Une histoire cabossée	38
VI. – Tout est affaire d'histoire personnelle	44
VII. – Comment tout continue	51
VIII. – Naissance d'un État	57
IX. – Les amazones de feu	66
X. – Code civil contre charia...............	72
XI. – Être et durer	79
XII. – Les amazones de feu	66
XIII. – Quel nom pour cette guerre ?	97
XIV. – Kobané martyre	105
XV. – « Le Loup et le Chien », fable d'aujourd'hui .	110
XVI. – Lumières de France..................	121
XVII. – Honneur aux combattants.............	129
XVIII. – Tout commence pour de bon[1]..........	133

1. Chapitre paru en avant-première dans *Le Figaro Magazine* du 6 février 2015.

*Reproduit et achevé d'imprimer
par Corlet Numérique
à Condé-sur-Noireau
en octobre 2015.
Dépôt légal : juillet 2015.
Numéro d'imprimeur : 122722.*

ISBN 978-2-84990-378-0. / Imprimé en France.